말로 배운 지식은 왜 산지식이 못 되는가

(Why the knowledge learned by words can't be a working knowledge?)

무작정 정계섭 지음

말로 배운 지식은 왜 산지식이 못 되는가

(Why the knowledge learned by words can't be a working knowledge?)

무작정 정계섭 지음

어문학사

언어에 대한 탁월한 실용적 성찰

이한구 경희대 석좌교수

언어는 생각이나 느낌을 전달하기 위해서 사용하는 음성기호의 체계이다. 인간은 기본적으로 언어를 통해 상호소통한다. 언어 없이는 사회생활이 불가능한 것은 말할 것도 없고, 인류가 자랑하는 문명 역시 언어가 밑바탕이 되었다고 할 수 있다.

최근 유발 하라리는 『사피엔스』라는 그의 저서에서 역사의 진로를 결정한 세 개의 혁명을 거론하면서, 약 7만 년 전의 인지혁명, 약 1만 2천 년 전의 농업혁명, 그리고 약 5백 년 전의 과학혁명을 들었다.

이 중에서도 인지혁명이 가장 중요하다. 호모 사피엔스가 별로 중요하지 않은 동물에서부터 세상의 정복자로 등장한 것은 다른 무엇보다도 인류에게만 있는 고유한 인지혁명 덕분이라고 평가되기 때문이다. 인지혁명이란 약 7만

년 전부터 3만 년 전 사이에 출현한 새로운 유형의 언어사용과 의사소통 방식을 의미한다. 유발 하라리는 이를 '지식의 나무 돌연변이'라고 부른다.

새로운 유형의 언어란 무엇인가? 그것은 바로 창작하는 언어의 등장이었다. 하라리는 우리 언어의 특성을 다음과 같이 설명한다. 첫째로 우리의 언어는 놀라울 정도로 유연하다. 둘째로, 우리 언어는 사물에 대한 정보를 전달할 뿐만 아니라 전혀 존재하지 않는 것에 대한 정보도 전달한다.

인간 언어의 유연성이란 제한된 개수의 소리와 기초를 연결해서 무한한 개수의 문장을 만들 수 있음을 의미한다. 예컨대 "나무는 푸르다"는 문장은 주어 "나무"를 다른 것으로 대체하면 "하늘은 푸르다", "풀은 푸르다" 등으로 무한히 많은 문장을 만들 수 있고, 또 "푸르다"는 술어를 다른 것으로 대체하면, "나무는 자란다", "나무는 크다" 등으로 무한히 많은 문장을 만들 수 있다. 여기에 형용사와 부사를 활용하면 "저 언덕의 큰 소나무는 겨울에도 푸르다"와 같이 아무리 복잡한 상황이라도 표현할 수 있다. 여기서 더 나아가 언어는 존재하지 않는 것에 대해서도 이야기한다. 예컨대, 우리는 거짓말을 할 수 있다. 허구를 말할 수 있는 능력이야말로 인간 언어의 가장 독특한 특성이며, 이 때문에 전설, 신화, 신, 종교 등이 인지혁명과 함께 등장했다고 주장되는 것이다.

인지혁명이 이토록 중요한 의미를 갖는데도 불구하고, 언어에 대한 관심이 20세기 전에는 그렇게 크지 않았다. 그것은 언어가 당연히 우리의 생각이나 느낌을 있는 그대로 전달하고, 외부의 자연 사물을 사진 찍듯이 드러내는 것으로만 여겨졌기 때문이다. 20세기에 들어와 언어에 대한 관심이 크게 증폭되면서 언어의 여러 측면이 밝혀졌고, 언어 연구가 여러 학문에 지대한 영향을 미쳤다. 스위스의 언어학자 페르디낭 드 소쉬르(Ferdinand de Saussure)는 『일반 언어학 강의』(1916)에서 언어를 잠재적 기호 체계로써의 랑그(langue, 언어)를 개개의 현실적 언어 행위로써의 파롤(parole, 말)에서 구별하면서, 현대 언어학의 초석을 놓았다.

철학적 측면에서 20세기는 '언어분석의 시대'라 불릴 정도로 언어에 관심을 집중시켰던 시대이다. 논리적 원자론, 논리적 실증주의, 일상 언어학파 등은 모두 언어 분석을 철학의 중요한 임무로 본 사조들이다. 버트런드 러셀, 루트비히 비트겐슈타인, 루돌프 카르나프, 길버트 라일 등이 이런 사조들을 이끌었던 철학자들이다. 특히 루트비히 비트겐슈타인은 언어의 의미는 사실을 있는 그대로 그린다는 그림이론과 언어의 의미는 언어의 사용이라는 사용이론에 모두 관련되어 있다.

정계섭 교수님의 이 책은 언어를 다룬 책 중에서도 매우 독특한 책이다. 앞부분을 보면 언어학 저서 같고, 뒷부분을 보면 언어철학 저서 같다. 전반부 네 장은 언어학의 일반적인 주제들을 다루고 있고, 후반부 다섯 장은 언어철학적인 주제를 다루고 있다. 그렇지만, 이 점이 오히려 이 책의 장점이라 할 수 있다. 두 부분이 서로 협력하여 실용적 차원에서 언어가 실제 생활에서 어떻게 쓰이고 있는가를 일관되게 해명하고 있기 때문이다.

나는 이 책의 가장 큰 특징과 장점을 다음과 같이 이해했다.

첫째로, 이 책은 언어를 둘러 싼 실천적 지식을 매우 체계적으로 보여준다. 언어학적 주제들과 언어철학적 주제들을 함께 다루어도 전혀 이상하지 않게 보이는 것도 언어의 실용적 측면을 다양한 방식으로 설명하기 때문이다. 모든 장에 걸쳐 실제 생활에서 부딪치는 재미있고 그 자체로도 유익한 예시들을 수없이 많이 들고 있는 것도 이 책의 큰 장점이다.

둘째로, 이 책은 언어에 대한 대단히 폭넓고 깊이 있는 시각을 보여준다. 이 책에서 다룬 언어철학적인 주제들은 사실 일생을 전공해도 설명하기 쉽지 않은 문제들이다. 특히 언어가 세계를 드러내는 것이 아니라 언어에 의해 세계가 구성된다는 사피어 - 워프 가설(5장), 언어로 사물을 가리키는 일과는 전혀 다른 여러 가지 일들을 수행한다는 화용론적 함축(7장) 등 어려운 주제들이 깔끔하게 설명되고 있다. 저자의 통찰력이 도처에서 빛난다.

셋째로, 이 책은 난해한 언어적 주제들을 누구나 이해할 수 있도록 정리했다. 언어학은 사실 쉬운 학문이 아니며, 언어에 얽힌 여러 문제들을 한 단계 높은 차원에서 다루는 언어철학은 더더욱 난해한 것이 현실이다. 이런 주제들을 이정도 일상 언어로 풀어썼다는 것은 나름대로의 내공이 없이는 불가능하다고 보아야 한다. 언어에 대해 전혀 생각해 본 적이 없는 사람이라도 질문의 논리(8장), 언어의 한계(9장) 등을 읽으면 얻는 것이 많으리라 짐작된다.

이 책을 읽으면서 나는 나 자신의 막연하고 혼란스러웠던 언어에 대한 생각들을 잘 정리하고 정돈할 수 있었다. 이 방면의 연구가 많지 않은 상황에서 이 책은 독자들에게 큰 도움을 제공하리라 확신한다.

들어가면서

 각 세기마다 그 세기의 특징을 나타내는 고유한 별명이 있는데[1], 지난 20세기는 '분석의 세기'라 불린다. 무엇에 대한 분석인가? 바로 언어에 대한 분석이다!

 인류가 언어에 대한 관심이 이리 늦은 것은 웬일인가?

 첫째, 인간에게 물이나 공기는 너무나 친숙해서 극한상황이 아니면 사람들은 그 존재나 고마움을 잊고 산다. 언어도 마찬가지다. 마치 물고기가 물을 보지 못하는 이치와 같다(魚不見水).

 둘째, 말을 할 줄 아는 것과 그 말의 메커니즘을 이해하

---

1) 15C와 16C의 지리적 발견은 새로운 세계관 형성에 기여했다. 그래서 흔히 16C를 '발견의 세기'라고 부른다. 17C는 뉴턴, 데카르트, 파스칼 등 거인들의 세기라서 '천재의 세기'라 불리우고, 백과전서적 학파가 출현한 18C는 '계몽의 세기', 19C는 '이데올로기의 세기'라 불린다. 맑스(K. Marx)는 세계를 거의 반으로 갈라놓았다.

는 것은 전혀 별개의 차원이라는 인식이 제고 되었다. 자동차의 작동 원리를 모르면서도 운전하는 것처럼, 대부분의 모국어 사용자들은 언어의 메커니즘을 모르는 채 말을 한다. 그러나 여기에는 위험이 따른다.

셋째, (이것이 가장 중요한데) 그전까지는 세계(대상)와 인간이 있고 그 사이에 있는 언어가 투명하다고 생각해 왔는데, 20C에 이르러 인간 언어가 그리 투명한 것만은 아니라는 이른바 패러다임의 전환(paradigm change)이 이루어졌다.

언어분석과 더불어 20C의 양대 인식론적 혁명으로 정신분석을 꼽는데, 이것도 사실은 언어 분석으로 볼 수 있는 것이, 당사자가 표현하는 말을 자료 삼아 (정신분석 의사가) 분석하기 때문이다.

홈볼트[2]는 언어의 본질은 결과물(Ergon)이 아니라 활동(Energeia)에 있다고 말한다. 그래서 오직 발생학적인 정의만 가능할 따름이다.

"언어는 분절된 음성을 가지고 사고의 표현이 되게끔 하

---

2) Wilhelm von Humboldt(1767~1835) 독일의 정치가이자 탁월한 언어학자이며 베를린대학의 설립자.

려는 영원히 거듭되는 정신의 작업이다."

왜 "영원히 거듭되는 것"인가? 왜냐하면 뜻과 소리를 정확하게 매칭시키는 일은 일생 동안 해내야 하는 정신활동이기 때문이다.

홈볼트의 영향을 받은 바이스겔바[3] 역시 "자연현상의 언어적인 가공"에 대해 역설한다. 즉, 언어는 단순히 객관적인 자연을 사진 찍듯 묘사하는 것이 아니고, 언어 자체가 이미 자연현상에 대한 하나의 해석이며 가공이라는 것이다. 그는 '잡초'의 예를 들면서, 이것은 일정한 식물학적인 특징을 가진 하나의 특수한 풀은 아니며 객관적인 자연에 잡초는 없으며 그래서 잡초는 다만 인간적인 해석이며 언어적인 가공이라는 것이다.

카시러[4] 역시 언어가 객관적인 현실을 묘사하는 것이 아니라 현실을 형성한다는 언어의 현실 축조 기능을 역설한다.

정리하자면, 언어는 선행하는 사고에 언어라는 의복을

---

3) 레오 바이스게르버, 『모국어와 정신형성』, 허발 옮김, 문예출판사, 1993.
4) Ernst Cassirer(1874~1945) 인간을 상징적 동물로 본 『상징형식의 철학』의 저자.

입힌 것이 아니라, 사고(생각)는 언어에 의해 형성된다는 사실이다. 밥을 먹으면서 식욕이 생기듯이, 말하는 도중에 새로운 생각이 떠오르는 경험을 하지 않은 사람은 없을 것이다.[5]

언어는 흔히 대양(大洋)에 비유하곤 하는 데 중층 또는 다층구조를 이루고 있다. 어느 층을 연구 하느냐에 따라 전혀 다른 경관이 펼쳐진다. 우리의 목표는 두 가지이다.

무엇보다 먼저 언어의 메커니즘에 대해 일반인의 관심을 불러일으키고자 한다. 언어의 기제(機制)를 모르면서 언어를 사용하는 데에 따르는 위험성을 이 책의 도처에서 언급할 것이다. 두 번째로, 언어 내지 언어학에서 배울 수 있는 실천적 지식을 소개하고자 한다.

동물 중에서 유일하게 인간만이 말을 한다. 인간은 무엇 때문에 말을 하는가? 너무 당연시되어 과연 질문이 성립되는지 의아하게 생각될 수도 있겠으나 사실은 "새는 왜 지저귀나?"에 대한 질문처럼 그 답은 단순하지가 않다. I 장은 이에 대한 논의로써, 야콥슨(Jakobson)의 이론을 발전적

---

5) 글이 의식의 통제를 받는데 비하여, 말은 무의식의 지배를 받는다. 여기에서는 이 경우를 가리킨 것이다. 만일 누군가 말하기 전에 혀를 10번 굴리고 생각을 정립 후 말을 하는 경우에는 물론 사고가 언어에 선행된다고 보아야겠다.

으로 차용하고, 한 걸음 더 나아가 말을 할 때 화자가 느끼는 즐거움을 추가하였다. 그것은 다름 아닌 '수다'가 아닐까 한다.

II장은 음성학, 음운론, 형태론에 관련된 것인데, 언어에 대힌 연구에서 기초 체력 단련에 해당한다고 보면 될 것이다.

음성학(phonetics)은 말의 차원에서 산출되는 구체적인 음성을 연구하는 분야이다. 화학에 원소주기율표가 있는 것처럼, 모든 언어는 자음체계와 모음체계를 갖추고 있는데, 이들을 음의 기본단위라는 뜻에서 음소(音素)라고 한다. 음성학의 첫 번째 과제는 이들 음소를 설정하는 작업인데, 이 작업은 19세기 말부터 시작하여 많은 학자들의 협력으로 발전되어 왔다. 전공과정에서는 이들 음소를 실현시키는 방식을 배우는 조음음성학과 물리적 실체로서 음파를 연구하는 실험음성학을 배운다.

음운론(phonology)은 음소들의 결합방식, 즉 가능한 연결음들을 다룬다. 음성학이 소리라는 질료(matter)를 연구하는 분야라면, 음운론은 언어 차원에서 형상(form)을 연구한다.

형태론(morphology)은 의미의 최소 단위인 형태소

(morpheme)를 다루는 분야로써 통사론과 더불어 전통문법 (traditional grammar)의 양축을 이루고 있다.

음소와 형태소가 중요한 이유는 이것이 바로 동물 언어와 인간 언어를 구분하는 기준이 되기 때문이다. 자연언어의 문장은 어떤 언어든지 간에 형태소와 음소로 분석이 가능한데, 이를 이중 분절(double articulation)현상이라고 한다. 여기에서 '분절'이란 다름 아닌 불연속성(discontinuity)을 의미하는 데, 인간 언어의 이 놀라운 특성이 결합(combination)을 가능케 하는 것이다.

정리하자면, 음소들이 결합하여 형태소를 만들고, 형태소들이 결합하여 단어(word)를 형성한다. 음소, 형태소, 단어는 언어의 기본 벽돌이 되는 셈이다.

III장은 어휘론(lexicology)에 관련된 것이다. 어휘란 한 언어의 단어들의 총체를 말한다. 사전의 단어들은 고립된 것이 아니라 아주 긴밀한 '관계의 망'을 이루고 있는데, 어휘론은 이 관계들을 연구한다. 아르키메데스가 자신에게 충분히 긴 지렛대가 주어진다면 지구를 들어 올릴 수 있다고 말했듯이 하나의 '마음 지도(mind map)⁶⁾가 충분히 크다면,

---

6) 핵심 단어를 중심으로 거미줄처럼 사고가 확장되어가는 과정을 시각화한 일종의 브레인스토밍 방법. 영국의 두뇌학자 부잔(T.Buzan)이 1970년대

사전의 모든 어휘를 여기에 포함시킬 수도 있을 것이다. 마음 지도보다 한 차원 높은 것이 원격 연상 검사(Remote Associates Test)인데, 사고의 유연성과 상상력을 키우는 아주 효과적인 방법이다. 그 중요성에 비추어 보건대 일반의 인식이 제고되어야 할 것이다.

IV장은 기호와 기호의 관계를 다루는 이른바 '언어학의 꽃'이라 여겨지는 통사론의 몇몇 주제를 다룬다. 말의 게임률인 셈이다. 통사론은 단어들이 결합하여 구(句)나 문장을 형성하는 규칙 내지 방법을 연구하는 말의 게임률이다. 통사론은 어떤 규칙들에 따라서 단어들이 문법적인 문장을 만들어내는가 하는 질문에 답해야 한다. 그래서 문법성(grammaticality) 판정이 통사론의 핵심인데, 문법에 맞는 문장을 적형식(Well Formed Formula)이라 하고, 비문법적인 문장을 비적형식(Wrong Formed Formula)이라고 한다. 문법성 판정은 아주 미묘한 문제를 야기하는 데, 어제까지 비문법적으로 보이던 문장이 오늘은 문법적인 문장으로 보이고 그리고 그 반대 현상 역시 심심치 않게 일어나기 때문이다.

학제적(interdisciplinary) 접근을 시도하는 본서에서 일반인

초 개발한 시각적 사고 기법이다.

이 통사론을 직관적으로 이해할 수 있는 방안을 고심하던 중 칠교놀이(Tangram)가 떠올랐다. 어떻게 결합해서 하나의 구조를 만들 것인가에 대한 문제의식이 같기 때문이다. 이러한 유추에는 물론 한계가 있다. 더 이상 유추가 성립하지 않을 때 어떻게 해야 하는가. 본서에서 개별 언어의 통사론을 취급할 수는 없는 노릇이므로, 그렇다면 지구상의 모든 인간 언어에 편재하는 속성이 무엇인가에 문제의식을 두었다. 그러다보니 다음과 같은 공통분모가 자연스럽게 떠올랐다.

1. **직시어**(直示語, deixis)
2. **언어의 조합술**(組合術, combinatory): **기호체계 대(對) 신호체계**
3. **회귀성**(回歸性, recursivity)
4. **은유**(隱喩, metaphor)
5. **문장의 변형 가능성**

참고로, 그린버그[7]는 인간 언어의 보편적 특성으로 다

---

7) Joseph Harold Greenberg(1915~2001), 미국의 인류학자 및 언어학자로서 통계적 언어유형론의 제창자. 저서로 『Universals of Human Language』

음과 같은 예를 들고 있다.

- **모든 언어는 자음과 모음을 가지고 있다.**
- **모든 언어에는 명사와 동사의 구별이 있다.**
- **모든 언어는 의문문을 만드는 방법이 있다.**
- **모든 언어의 대명사는 적어도 세 개의 인칭과 두 개의
수를 가지고 있다.**

우리의 연구 프로그램은 그린버그의 프로그램보다 인
간 언어의 보편성을 탐구하는데 있어서 보다 큰 틀을 제시
한다고 생각한다.

그리고 이제는 각각의 언어에 속하는 개별적인 특성,
'개별문법'을 다루어야 할 차례이다. 이 작업을 말 그대로
수행한다는 것은 이 책의 목적에 맞지 않는다. 고심 끝에
우리는 이 일을 사피어 - 워프 가설을 V장에서 검토하는
것으로 갈무리할 것이다.

사피어 - 워프 가설(Sapir-Whorf Hypothesis)이란 하나의 언
어는 그 속에 세계관을 담지하고 있다는 훔볼트의 발상이
그 후 미국의 언어학자 사피어와 그의 제자이자 고고학자

(1978) 등이 있다.

워프에 의해 계승 발전되었고 오늘날에도 여전히 활발하게 논의되고 있는 가설이다.

모두에 언급한 '분석의 세기'란 다름 아닌 분석철학[8]의 세기를 의미하는데, 여기에는 크게 보아 두 가지 경향이 있다.[9] 논리실증주의[10]와 일상언어학파의 출현이 그것이다.

우선, 러셀[11], 전기 비트겐슈타인, 카르나프를 비롯한 학자들이 자연언어가 지닌 한계를 해소하기 위하여 인공언어[12]의 구축이 그 첫 번째 경향이다.

언어 연구에서 '태풍의 눈'이 된 언어학의 형식화 작업[13]

---

8) 20세기 초 영국에서 시작되어 유럽과 미국 등 전 세계적으로 영향력이 큰 철학 분야. 초경험적, 사변적 형이상학을 배격하고, 철학의 임무는 어떤 세계관을 수립하는 것이 아니라 언어에 대한 논리적 분석이라고 주장했다.

9) 비트겐슈타인은 단연 독보적인 존재이다. 언어를 세계의 상(像)으로 본 그의 전기 사상이 담긴 「논리철학논고」는 후에 논리실증주의의 모태가 되었고, 후기 사상이 담긴 『철학적 탐구』는 일상언어학파의 성립에 주춧돌이 되었다. 일상언어학파는 주로 옥스퍼드대학을 중심으로 전개되어 '옥스퍼드학파'라고도 불리는데, 화용론은 여기에 뿌리를 내리고 있다.

10) 논리실증주의는 기호논리학을 철학에 도입하여 형이상학적(가령, "절대자는 시간을 초월한다."같은 명제), 윤리적, 미학의 명제들이 사실상 무의미한 명제라고 논파하였다.

11) Bertrand Russell(1872~1970) 20세기를 대표하는 천재 수리논리학자. 비트겐슈타인과 같은 제자를 배출한 교육자이자 말년에 이르기까지 반핵, 반전 운동 등을 계속했던 당대 최고의 명사.

12) 라이프니츠가 오래전에 꿈꾼 보편언어의 후예로서, 논리언어나 프로그래밍언어는 성공적인 인공언어의 사례이다.

13) 가능한 문장들의 집합은 공리(公理)와 규칙으로부터 생성될 수 있다는 믿음을 말한다.

은 바로 이로부터 유래한다. 술어계산(predicate calculus)을 할 수 있는 컴퓨터를 만든 앨런 튜링의 스승은 바로 비트겐슈타인이다.

VI장은 의미론에 연관된 우리의 관심사를 취급한다. 의미론은 언어와 세계(사물)의 관계를 다루는 학문이다.

먼저 단어의 경우, 기표(signifier)와 기의(signified)의 자의성(arbitrary)으로 인해 수많은 문제가 야기된다. 문장의 의미를 취급하기 위해 전기 비트겐슈타인의 그림 이론(picture theory)이 소개된다. 여기에서는 언어가 실제(reality)에 부합되는지 여부가 관건이 된다. 하나의 문장이 실제와 부합되면 '참'인 문장이고, 그렇지 않으면 '거짓'인 문장이다.

분석 철학의 두 번째 사조는, 무어[14], 라일[15], 오스틴 그리고 후기 비트겐슈타인 등 일상생활에서 사용하는 언어의 분석을 중시하는 '일상언어학파'의 출현이다. 일상언어는 다의성과 모호성 때문에 기호논리학의 언어로 환원될

---

14) George Edward Moore(1873~1958) 영국 철학자. 케임브리지 대학 교수. 러셀과 더불어 분석철학의 선구자. 철학에 만연된 비경험적, 형이상학적 요소들을 배제하고, 개념을 명료하게 서술하는 것을 철학의 목표로 삼았다.

15) Gilbert Ryle(1900~1976) 영국의 철학자. 옥스퍼드 대학 교수. 그의 논문 「Systematically misleading expressions」(1932)은 그를 일상언어학파의 보스의 지위로 올라서게 했다.

수 없다. 예를 들어, "미국은 나치 독일에 대하여 선전포고를 하였다."(1941)라는 문장의 경우, 논리실증주의에 따르면 국가는 국민들의 집합이므로 개개의 미국인 전부가 전쟁을 선포했다는 의미가 될 것이다. 그러나 일상언어에서 국가와 국민은 동치(同値)가 아니며 사용에 따라 다양한 의미를 갖는다. 정치가들이 흔히 "국민의 뜻에 따라" 어떤 정책을 시행한다고 할 때, 이 정책에 반대하는 국민들이 얼마든지 있을 수 있다.

일상언어란 실생활에서 사용하는 언어이다. 문학 언어나 글로 표현되는 문어적 문체에 비교되어 구어 문체라고도 한다. 독백을 제외하면 반드시 화자와 청자가 있어야 하며 의사소통을 주목적으로 한다. 일상언어학파는 전통적인 철학의 문제들이 철학자들이 언어를 추상화하는 과정에서 덫에 빠진 결과라고 주장한다. 일상언어의 다의성(多意性)과 모호성은 결함이 아니라 오히려 자연언어만의 고유한 특성으로 파악해야 한다는 것이다.

이런 관점이 반영된 것이 화용론(VII)인데, 여기에서는 언어(단어, 문장)에 내재하는 어떤 '고유한' 의미가 아니라 화자가 어떻게 언어를 사용하는가의 문제가 관건이 된다. 화용론은 언어 자체만을 대상으로 하는 것이 아니라, 말하는 이

(화자), 듣는 이(청자), 시간, 장소 등으로 구성되는 맥락 속에서 언어 사용을 다룬다. 음성학, 음운론, 형태론, 어휘론, 통사론, 의미론이 모두 언어 내(內)적 현상에 대한 탐구라면, 화용론은 언어 외(外)적 현상에 대한 탐구라고 볼 수 있다.

여기에서는 의미론에서 본 참과 거짓의 문제가 아니라 실용적 결과인 적절성(pertinence) 개념이 중요하다. 가령, "프랑스의 국왕은 현명하다."라는 문장의 경우, 이 문장을 루이 14세의 통치에 적용하면 적절하지만, 루이 15세의 통치에 적용하면 부적절하다. 이것이 '의미는 곧 사용'이라는 새로운 의미론이 뜻하는 바이다. 따라서 이 문장 자체의 진위(眞僞)를 묻는 것은 더 이상 문제가 되지 않는다. 결국 참이냐 거짓이냐의 문제는 문장 자체의 속성이 아니라 문장의 '사용'에 달려있다. 구조주의 언어학은 언어의 체계에만 전념하여, 화자나 청자, 행동으로써의 말, 맥락 등이 전혀 고려되지 않았다. 이러한 한계를 극복하고자 하는 시도가 화용론이다.

VIII장은 '질문의 논리'에 대한 탐구에 할애되었다.

우문우답(愚問愚答)이라는 말이 있다. 어리석은 질문에 어리석은 대답이 나온다는 뜻이다. 반대로 현문현답(賢問賢答)은 현명한 질문에 현명한 답이 따른다는 말이다. 그래서

질문이 중요하다. 소아마비 백신을 발견한 조너스 소크[16]
는 이렇게 말한다.

발명의 순간은 질문의 순간이다.

아인슈타인도 역시 질문의 중요성을 확신했다. 문제 해결을 위해 한 시간이 주어진다면 55분을 적절한 질문을 찾는데 쓰겠다고 말했다. 적절한 질문만 안다면, 정답을 찾는 데는 5분이면 충분하다는 말이다.

언어학은 '질문의 논리'를 개발하는 중이다. 우리도 벽돌 한 장을 쌓는 심정으로 '좋은 질문'을 찾는데 초점을 맞추었다.

---

16) Jonas Salk(1914~1995) 미국의 의학자. 세균학, 역병 등 예방의학을 연구하였으며, 소아마비 예방 백신인 '소크백신'을 개발하였다. 그가 설립한 소크연구소는 1960년 세워진 이래 6명의 노벨상 수상자를 배출하였다. 그 배경에는 실패에 관대하고 불가능한 것에 도전하도록 지원하는 연구 환경이 뒷받침 됐다. 샌디에이고에 있는 소크연구소에는 이런 문구가 적혀 있다.

위험은 언제나 옳다.(Risks always pay off.) 무엇을 해야 하는지, 해서는 안 되는지 배우기 때문이다.

이 연구소에는 지적 자유, 호기심 장려, 협력 촉진 등 세 가지 원칙이 있다. 부러운 일이다!

IX장에서는 언어의 한계를 다룬다.

먼저 언어 내(內)적인 이유로 우리는 '대화의 엔트로피 원리'라는 가설을 과감하게 세웠다. 내용인즉, '소통'이란 원리적으로 '불통'이라는 망망대해에 드물게 나타나는 외로운 섬에 불과하다는 사실이다. 언뜻 보기에는 비관적이지만, 우리의 의도는 그토록 소통의 문제는 지난하다는 문제의식의 제고에 있다.

이어서 언어는 사물이 아니라는 점을 분명히 알아야 한다. 언어는 사물을 '살해'한다. 20세기 최고의 철학자 푸코[17]의 저서와 콰인[18]의 저서가 둘 다 『말과 사물』인 것은 우연이 아니다.

수학이 자연과학의 기초 학문이라면, 언어학은 인문사회학의 토대가 된다. 수학과 마찬가지로 언어는 이제껏 알려지지 않은 진실 내지 사실을 찾아내는 도구가 된다. 이

---

17) Michel Foucault(1926~1984) 프랑스 철학자. 시대별 인식의 틀(epistēmē)을 보여주는 그의 대표작 『말과 사물』(1966)은 모닝빵처럼 팔려나갔다고 한다. 프랑스인들의 지성의 일단을 보여주는 에피소드이다. 그의 『지식의 고고학』(1969)은 개인적으로 필자에게 문화적 충격을 안겨준 책이다. 1978년 1학기 꼴레쥬 드 프랑스(College de France)의 강의는 가장 인상적인 강의로 남아 있다.

18) Willard Van Orman Quine(1908~2000) 미국의 철학자, 논리학자. 하버드 대학 교수. 대표작 『Word and Object』(1960)에서 '번역의 불확정성'을 논한 것으로 유명하다.

런 사실이 집필 내내 저자의 의식의 지평에 있었음을 밝혀 둔다.

가능한 많은 독자들에게 다가가기 위하여 언어학 전문 서적의 특징인 체계성에 대한 시도보다는 창발적인 생각 이나 개념 그리고 방법론에 초점을 두고 응용 가능성을 염 두에 두었다.

부록에 대해서도 한마디 해야겠다.

〈부록 1〉은 정신의 작동 원리-개념/판단/추리-에 대한 소묘이다. 어휘론은 개념에, 통사론과 의미론은 판단에, 그리고 화용론은 추리에 해당한다고 볼 수 있으므로, 정신 의 작동원리를 언어학적으로 규명할 수 있다고 본 것이다.

〈부록 2〉는 보편 문자(普遍文字)를 지향한 '라이프니츠 의 꿈'에 관한 것인데, 우리는 이 꿈이 인공지능(AI) 덕분에 실현되어가는 중이라고 믿는다.

〈부록 3〉에서는 암호의 역사를 아주 간략하게 살펴본 다. 암호도 엄연히 의사소통의 언어라고 보기 때문이다. 나아가서 외국어를 모르면 모국어도 모른다는 괴테의 통 찰이 암호의 기제를 부록에 첨가하도록 했다.

필자에게 처음으로 언어학을 가르쳐 주셨고 기회 있을 때마다 소중한 조언을 해 주신 황경자 교수님께 깊은 감사를 드린다.

지속적으로 격려와 성원을 보내준 윤용택 교수님, 홍성사 교수님, 주영숙 전(前) 덕성여대 총장님, 박영재 교수님, 구자윤 대선배님에게 큰 절을 올린다.

열성적으로 건설적인 비판을 해 주신 강기춘 교수에게도 고마운 뜻을 표하고 싶다.

그리고 최적의 환경을 만드느라 불철주야 수고하시는 아라컨벤션홀 고남수 관리실장님, 양관행 선생 외 직원 여러분에게도 따뜻한 감사의 마음을 전한다.

가공되지 않은 우리의 거친 원고를 우아한 책으로 만들어 준 어문학사 윤석전 사장과 유능한 편집진에게 경의를 표한다.

혹시 있을 수 있는 오류나 의문점들은 이메일 kseopcheong@hanmail.net로 알려주면 성의를 다하여 답할 것이다.

신도 : 스님, 수행을 어떻게 합니까?

스님 : 착한 일 많이 하고, 나쁜 일은 하지 마라!

신도 : 그건 저도 압니다.

스님 : 세 살 먹은 아이도 알지만, 80살 먹은 노인도 실천

하기 어려우니라!

I

사람들은 무엇 때문에
말을 하는가

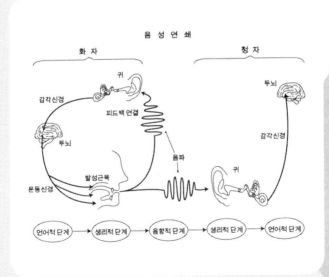

음성연쇄

화자   청자

귀

감각신경

두뇌

피드백 연결

음파

두뇌

감각신경

발성근육

귀

운동신경

언어적 단계 → 생리적 단계 → 음향적 단계 → 생리적 단계 → 언어적 단계

인간은 왜 말을 하는가? 이 질문에 답하기 위한 준비 작업으로써 언어의 6가지 기능을 먼저 살펴보도록 한다.[19]

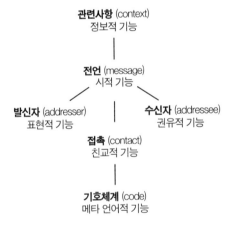

관련사항 (context)
정보적 기능

전언 (message)
시적 기능

발신자 (addresser)　　　　　　　　**수신자** (addressee)
표현적 기능　　　　　　　　　　　　권유적 기능

접촉 (contact)
친교적 기능

기호체계 (code)
메타 언어적 기능

---

19) **Roman Jakobson**(1896~1982) 러시아 출신의 미국 언어학자, **MIT** 언어학 교수, 의사소통이 가능하기 위한 6가지 구성 요소(발신인, 수신인, 상황, 메시지, 접촉, 약호)를 모델화했다.

1. 정보적 기능(Informative function)

정보적 기능은 언어의 표현이 어떤 새로운 지식이나 사실을 전달하는 데에 사용되는 기능이다. 우리가 신문을 읽거나 웹 서핑(web surfing)을 하거나 TV 뉴스를 시청하는 것은 이런 이유에서이다. 언어는 이처럼 언어 외적 실재(實在)[20]를 대상으로 삼는다.

기호와 사물은 엄격하게 다른 범주이지만 일상적인 용법에서는 단어가 사물을 흔히 대체한다. "저 나무는 녹나무야!"라고 말하면 "녹나무"는 실제 저기 서 있는 녹나무를 가리킨다. 이렇게 사물을 가리키는 기능을 '지시적 기능(referential function)'[21]이라고 한다. 언어가 사물을 가리키는 수단은 다음과 같이 다양하다.

---

20) 그런데 언어가 가리키는 실재가 반드시 현실(reality)이 아니라는 점에 문제의 복잡성이 숨어있다. 자연언어는 현실을 축조(construction)하는 힘이 있기 때문이다. 그 순기능으로써 소설이나 동화처럼 상상의 세계를 만들 수도 있지만, 중상 모략이나 거짓말과 같은 역기능도 있다.

21) 지시적 기능을 광의로 해석하여 정보적기능까지 포함시키는 저자도 있다.

1-1. 한정 기술구(definite description)

명사나 명사구 앞에 정관사 혹은 부정관사가 붙은 구절 전체를 기술구(description)라고 부른다. a cat, a blue pen, a girl과 같이 'a so-and-so' 형식의 기술구, 즉 부정관사로 시작하는 기술구를 '비한정 기술구(indefinite description)'라고 부르는데 언어철학에서는 취급하지 않는다. the tallest mountain in the world, the present president of France와 같이 'the so-and-so' 형식의 기술구, 즉 정관사로 시작하는 기술구를 '한정 기술구(definite description)'라고 하는 데, 지칭(reference)과 관련하여 지시적 기능에는 '말과 사물'이라는 복잡한 문제가 숨어 있다. 푸코(Michel Foucault, 1926-1984)[22]와 콰인(Willard Van Orman Quine, 1908-2000)[23]이 천착한 문제이다.

1-2. 고유 명사(proper nouns) : 루이 14세, 서울, 홍길동 등.

1-3. 지시사(demonstrative) : 이것(this), 저것(that)

1-4. 직시어(deixis) : 지금 - 여기 - 나

어휘의 차원에서 한정 기술구, 고유명사, 지시사, 직시

---

22) Foucault, M., Les mots et les choses(말과 사물), Gallimard, 1966.

23) Quine. W., Word and Object, MIT Press, 1960.

어 등은 지시체(referent)를 가리킨다는 공통점이 있다.

문제는 문장의 경우에도 지시체가 있는가의 여부이다. 언뜻 보아서 '의미'를 문장의 지시체로 삼을 수 있지 않을까 생각할 수도 있겠지만 프레게[24]는 문장의 지시체를 진리값(참/거짓)으로 보았다. 직관적으로 신뜻 이해가 가지 않을 수도 있지만 오늘날 모든 논리학자들이 자연스럽게 인정하는 정설이 되었다. 그리고 우리가 여기에서 취급하고 있는 지시적 기능과 직접 연관되는 문제이다. 어휘적 차원에서 어떤 대상을 지칭하는 것이 지시적 기능이라면, 문장의 차원에서는 다름 아닌 정보적 기능이 된다. 의미론은 바로 이 정보적 기능을 다루고 있는 학문이다. 직시어는 나중에 다시 취급할 기회가 있을 것이다.

2. 표현적(정서적) 기능(Expressive or emotional function)

사람들은 자신을 표현하기 위해 말을 한다. 화가 나서 지르는 고함이나, 놀라움이나 기쁨 때문에 지르는 탄성처

---

24) Gottlob Frege(1848~1925) 독일의 수학자, 논리학자. 모든 수학을 논리학으로 환원할 수 있다는 논리주의를 처음으로 주장했다. 현대 수리 논리학의 창시자로 인정받는다.

럼 말하는 사람에 초점이 맞추어진 기능을 표현적 기능이
라고 한다.

정말 미안해!

축하!

쩹이야!

표현적(정서적) 기능은 담화 내용에 대한 발신자(화자)의
태도를 나타내기 때문에, 악센트나 억양 등 운율(prosodie)
적 요소가 내용 자체보다 더 중요할 수도 있다. 서정시가
표현적 기능의 전형적인 예이고, 서사시는 앞서 나온 지시
적 기능의 예이다.

여기에서 중요한 것은 푸코[25]가 『지식의 고고학』에서 말
한 것처럼, 사람들이 대상에 대해 말한다고 하면서 사실
은 자신에 대하여 말하고 있다는 사실이다. 이것은 실화인
데, 어떤 사람이 귀룽나무를 보면서 "저 나무 참 요염하네
요!"(2009년 3월 17일)라고 말한 적이 있다. 귀룽나무가 어떻
게 요염한가? 화자는 대상에 대해 말한다고 하면서 사실은

---

25) Michel Foucault(1926~1984) 알튀세르(L. Althusser, 1918~1990)와 더불어
20세기 프랑스의 대표적인 철학자.

자신의 느낌에 대해 말하고 있다! 에머슨도 "사람들은 자신의 세상에 대한 의견이 자기 성품의 고백이기도 하다는 것을 모르는 듯하다."고 하지 않았는가.

갓난아이의 울음은 자신에게 관심을 가져 달라는 탁월한 표현적 기능의 사례이다. 이렇듯 표현적 기능은 말뿐만 아니라 표정, 말투, 억양 등을 통해서도 실현될 수 있다.

3. 권유적 기능(Conatif function)

말이란 듣는 상대방이 없으면 성립되지 않는다. 충고, 부탁, 거절, 금지의 경우처럼 말하는 사람은 듣는 사람을 설득하여 실제 행동에 옮기도록 하는 기능으로, 청자의 심리나 태도에 변화를 일으킨다. 이런 기능을 권유적 기능이라고 한다. 이때 전언의 중심은 수신자(청자)에게 집중되어 있고, 명령문, 표어('자나 깨나 불조심'), 광고문, 교통 표지판('일방통행'), 속담이나 격언('티끌 모아 태산') 그리고 의문문이 대표적인 경우가 되겠다. 그에 대해 연구하는 학자가 몇몇 있지만, 언어학은 아직 의문문의 논리(erotetic logic)를 충분히 개발하지 못했다. 우리는 8장에서 이 주제를 취급할 것이다.

4. 시적 기능(Poetic function)

시적 기능은 물리적 실체로서의 말, 언어 자체의 질서나 아름다움, 메시지 자체에 대한 지향을 의미한다. 이것은 시에만 국한되는 것이 아니라 모든 언어활동에 관계되는 것으로써 심미적 또는 수사학적 기능이라고도 불린다. 이런 기능은 기표(signifier)가 기의(signified)만큼 혹은 그 이상으로 중시될 때, 그러니까 형식 내지 말하는 방식(manner)이 내용(content)보다 우세할 때 나타난다. 이때 명시적 의미(denotation)보다는 함축적 의미(connotation)가 더욱 강하게 드러난다. 일찍이 뷔퐁(Georges Leclerc de Buffon, 1707-1788)이 "문체는 바로 그 사람 자체다(Le style, c'est l'homme)."라고 말했을 때 그는 바로 이 시적 기능을 염두에 두었을 것이다.

심미적 기능은 작명에서부터 책 제목에 이르기까지 광범위하게 나타난다. 책의 제목은 판매 부수와 직결된다고 한다. 시적 기능의 중요성은 대학에서 학과명의 변천사가 잘 대변한다. 예컨대 '잠사학과'나 '광산학과'는 졸업 후 누에를 친다든지 광부가 되는게 아니냐는 오해를 불러일으킬 수도 있다는 것이다.

잠사학과	→	천연섬유학과
광산학과	→	무기재료학과
기상학과	→	대기과학과
동물학과	→	유전정보학과
노서관학과	→	문헌정보학과
통계학과	→	정보통계학과
정치학과	→	정치외교학과

이렇게 학과명을 바꾸고 나서 합격 커트라인이 부쩍 올랐다고 한다![26]

여기에서, "시적 기능은 등가의 원리를 선택의 축(paradigmatic axis)에서 결합의 축(syntagmatic axis)으로 투영한다."는 야콥슨의 말이 적중하고 있다.[27]

어떤 추론도 구호가 갖는 힘을 거역할 수는 없다. 하나의 재담에 대해 다른 재담으로밖에는 대꾸할 수 없는 것과 마찬가지로, 어떤 구호에 응수할 수 있는 것은 다른 구호

---

26) 어디 학과명뿐인가. 현대인은 물건의 기능보다 기호를 소비한다는 보드리야 식으로 말하자면, 이른바 스카이(SKY)대는 '기호를 팔아먹는 기업'이라고 한다면 지나친 말일까? Jean Baudrillard(1929~2007), 프랑스 사회학자, 대중과 대중문화, 소비사회이론으로 유명한 철학자.

27) 언어의 조합술(VI-2)을 볼 것.

일 뿐이다.

I like Ike [aɪ layk áik] (나는 아이젠하워를 좋아한다.)

- 정치적 구호

Veni Vidi Vici (왔노라, 보았노라, 이겼노라.)

- 율리우스 카이사르

최근에는 상호에서 시적 기능이 중시되는 경향이 있어서 간판들을 살펴보면 다음과 같은 문구들이 눈에 띈다.

사랑하는 이(齒)에게 (치과)

영계소문 (통닭집)

주경야돈 (삼겹살집)

크로체(Benedetto Croce, 1866-1952)가 "일반언어학을 연구하는 것은 곧 미학(aesthetics)을 연구하는 것"이라고 말했을 때, 바로 이 심미적 기능을 염두에 둔 것이다.

5. 친교적 기능(Phatic function)

말이란 꼭 어떤 의미를 전달해야 하는 정보적 기능으로 만 쓰이는 것은 아니다. 친교적 기능은 사회생활을 원만하게 유지하는 네 윤활유 같은 기능을 하며 삶에 유대 관계를 맺게 해주는 기능이다. 이제는 잘 들을 수 없지만 예전의 "진지 드셨습니까?", "어디 가세요?" 등의 인사말은 답변을 기다리기보다는 의사 교환을 인정하고 예의범절을 지키는 말인 것이다. 전화 통화의 경우, 청자가 한 문장을 마칠 때마다 "네, 네!"라고 반응을 보여주지 않으면 화자는 불안해 할 것이다. 자동 응답기에 말을 해야 할 경우 제약을 느끼는 것도 바로 이 친교적 기능이 없기 때문이다.

낯선 사람과 함께 있을 때 서로 아무 말이나 주고 받는 것만으로도 사람들은 안도감을 느낀다. 넓은 의미에서의 친교적 기능은 어떤 채널을 통해 메시지가 전달되었는가 하는 문제에까지 미친다. "미디어는 메시지다(The Medium is the Message)."라는 말을 통해 유명해진 마샬 맥루한(Marshall McLuhan, 1911-1980)이 그 좋은 예이다. 전통적으로, 메시지는 매체를 통해 전달되는 내용이다. 그런데 맥루한은 미디어 자체의 특징이 지니는 또 다른 메시지적 측면을 간파했다. 즉, "옷이 날개!"라는 것이다. 그러니까 메시지의 내용보다는 그 메시지를 담고 있는 그릇, 즉 미디어에 의해서 사람들은 더 영향을 받는다는 것이다.

사람들은 실질보다 외관에 더 관심이 많다. 대학의 디자인학과가 인기가 많은 이유이다. 이것은 케네디(John Fitzgerald Kennedy, 1917-1963)와 닉슨(Richard Nixon, 1913-1994)이 대결한 미국의 대선에서 유감없이 드러난다. 두 후보자의 토론은 라디오와 TV에서 각각 이루어졌는데, 라디오 토론에서 닉슨은 케네디보다 앞섰다. 그러나 뒤이은 TV 토론은 케네디의 손을 들어주었다. 케네디에겐 텔리제닉(telegenic), 즉 외모가 TV에 잘 맞는 강점이 있었던 것이다. 반면에 닉슨은 자주 땀을 닦는 모습이 화면에 잡혔는데, 시청자들은 닉슨이 수세에 몰려 진땀을 흘리는 것으로 생각했다. 사실은 그렇지 않았는데도 말이다. 라디오와 TV 토론에서 두 후보의 메시지는 동일했으나, 두 매체의 다른 특성은 후보자에 대한 다른 이미지를 시청자에게 전달한 것이다.

이처럼 미디어의 자체적 속성이 메시지 자체를 규정한다는 사실은 그전에는 주목받지 못한 것으로써 이는 미디어에 대한 새로운 시각적 틀을 제공하는 기회가 되었다.

6. 주해적(註解的) 기능: 메타언어적 기능

우리는 말을 통하여 새로운 말을 배운다. '자당은 남의 어머니를 의미한다.'에서 '자당'은 한자어이고, '남의 어머니'는 우리 말이나. 이처럼 발화의 초점이 기호체계(code) 자체에 맞춰지는 경우인데, '무슨 뜻이지?'라는 질문이나, 어떤 것에 대한 정의, 명명(命名) 등의 상황에서 드러난다. 어린아이가 모국어를 배울 때 '까투리는 암꿩이다.'는 식의 주해적 기능, 즉 메타언어적 기능에 의존한다. '동물언어'에는 이런 기능이 없다.

천차만별의 의사소통 체계 중에서 오직 언어만이 언어 자체에 대해 말할 수 있다는 것은 아주 특이한 현상이다. 음악, 조각, 건축, 회화, 사진 나아가서 교통법규에 이르기까지 이들에 대한 설명은 모두 언어를 통해 이루어지며, 또 사람들이 언어에 대해 이야기하는 것도 오해(misunderstanding)나 중의성(ambiguity)의 문제 등은 모두 이 메타언어적 기능과 연관성을 지닌다.

A: 돈을 내놔라!

B: 돈이 없는데유.

A: 그러면 죽을 준비해라!

B: 죽도 없는데유.

개그맨들은 이런 사실을 잘 알고 있으며, 유능한 개그맨은 이 주해적 기능에 통달한 사람들이다.

이상의 6가지 기능은 개별적이 아니라 대개 복합적으로 작동한다. 비근한 예로, "어데 가십니까?"라는 말은 표현적 기능과 친교적 기능 이외에도 실제로 궁금해서 묻는 정보적 기능도 포함할 수 있다.

다만 수다가 지나쳐 공상허언증(pseudologia fantastica)이나 허담증(虛談症) 또는 작화증(作話症)에까지 이르면 곤란하다.[28] 또한 건망증이 심한 사람들은 자신이 기억하지 못하는 것을 허구(fiction)로 메꾸는데, 문제는 자신의 기억을 사실로 믿는다는 데에 있다.

이제까지 살펴본 6가지 기능은 무언가 어떤 의도와 연관되어 있다. 혹시 의도와 무관하게 말을 하는 경우는 없는가? 인간은 꼭 어떤 목적의식을 가지고 말을 하는가? 도가(道家)에서 말하는 '무용지용(無用之用)' 같은 것은 없는가? 우리는 이 문제를 유추를 통해서 접근하고자 한다. 새는

---

28) 이 증상들은 공상에 기반하여 거짓말을 하는 것인데, 이런 사람들은 자신의 거짓말에 대해 반박하는 것을 무척 싫어한다.

왜 지저귀는가? 다 알고 있는 바와 같이 새는 경보를 발하기 위해서 울고, 짝을 찾기 위해서 운다. 그러나 이런 이유 말고도 새는 언제나 지저귄다. 왜 그럴까? 창공을 수직으로 비상하는 종달새는 왜 지저귀는가?

우리는 그것이 '생의 환희' 때문이라고 가정한다. 만약 이 가정이 옳다면, 인간의 경우는 어떠한가? 그것은 다름 아닌 '수다'가 아닐까? 친구들에게 내 속내를 거리낌 없이 마음껏 털어놓았을 때 속이 후련해지는 경험을 안 해 본 사람이 있을까?

II

태초에 말씀이
계시니라

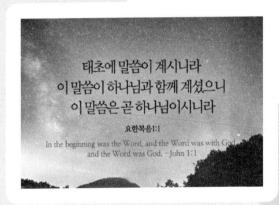

태초에 말씀이 계시니라
이 말씀이 하나님과 함께 계셨으니
이 말씀은 곧 하나님이시니라

요한복음1:1

In the beginning was the Word, and the Word was with God,
and the Word was God. - John 1:1

1. 음소(音素)

음소란 더 이상 분해할 수 없는 음성의 최소 단위를 말한다. 이를테면, 한글의 자음 14개와 모음 10개는 한국어의 음소들이다. 인간 언어의 놀라운 다양성에도 불구하고[29], 전 세계 언어의 기본 음소는 55개 정도에 불과하다.

음성은 두 가지 차원에서 연구 할 수 있다. 구체적으로 실현된 음성들을 연구하는 분야를 음성학이라 하고, 의사소통 체계 내에서 기능(function)이라는 관점에서 음성을 연구하는 분야를 음운론이라 한다.

예컨대, 'p'가 구체적으로 실현된 음성을 의미한다면,

---

29) 전 세계에 분포하는 언어의 수는 3,500~4,000가지로 보는 견해가 지배적이다. 어떤 언어이든지 간에 언어는 인간이 발생한 가장 창조적인 체계로써, 언어 간에는 우열이 없다. 한때 '야만어'로 불리던 언어도 결국 서양 중심의 독단이었다는 사실이 밝혀졌다.

'/p/ '는 음소를 나타내며 변별적 자질(distinctive feature)들의 집합이라는 추상적 단위이다. 국어의 음소 /p/는 윗 아래 입술의 협조로 한 번 막혔다가 입으로만 공기가 나오는 자음이다. /b/는 공기의 일부가 비강(콧구멍)을 통해 나온다는 차이가 있나.

/p/ = {무성음, 양순음, 파열음, 구강자음}
/b/ = {유성음, 양순음, 파열음, 비강자음}

　폐 안의 공기가 발동을 해서 성대(聲帶)에 이른다. 성대는 일종의 악기로 볼 수 있는데, 성대가 진동하면 유성음이 되고 진동하지 않으면 무성음이 된다. 성대를 통과한 공기가 입에 도달하는데 입은 가장 중요한 조음기관이다. 이때 공기가 입으로만 통과하는지 또는 일부가 콧구멍을 통해 통과하는지에 따라 구강음과 비강음이 결정된다. 마찰음은 ㅅ, ㅆ, ㅎ처럼 공기의 흐름이 방해를 받으면서 나오는 소리들이다.

　'팔'과 '발'은 단 하나의 음소가 다르면서 의미의 변화를 가져오기 때문에, '팔/발'을 최소 대립쌍[30]이라고 부른다. '물/술'(ㅁ/ㅅ), '고리/구리'(ㅗ/ㅜ) 최소 대립쌍은 무수히 많다. 위에서 인간 언어의 기본 음소가 55여 개라고 했는데, 개별 언어는 이 중 30여 개를 취해서 그 언어의 독특한 음운체계를 이룬다.

어떤 파열음이 기식(氣息, aspiration), 즉 h소리를 동반하는가의 여부, 그리고 동반한다면 얼마나 동반하는가는 한국어에서는 변별적 특징을 이룬다.

약유기(弱有氣) ㄱ ㄷ ㅂ

강유기(强有氣) ㅋ ㅌ ㅍ

무기 (無氣) ㄲ ㄸ ㅃ

예컨대, 영어에서는 'ㄷ, ㅌ, ㄸ'는 'd'의 변이형으로써 변별적 특징이 없지만 우리말에서는 '달/탈/딸'에서 보는 것처럼 최소 대립쌍을 이룬다. 영어 사용자들이 이 단어들을 발음할 때 어눌하게 들리는 이유이다. 반대로 'θ' 나 'ð'는 우리말의 음운체계에 존재하지 않기 때문에, 이들의 조음

---

30) 하나의 음소만 다른 두 단어를 말하며, 발음의 차이가 의미의 차이를 가져온다는 점에서 중요하다. 다른 한편, 음소를 발견하는 방법으로도 활용된다.

방식을 별도로 배워야 한다.

음운체계가 중요한 이유로, 이것이 음소들의 결합을 규정하기 때문이다. 즉 음소들이 결합해서 음절을 만들고, 다시 음절들이 결합해서 다음에 보게 될 형태소를 만들 때 음운체계가 제약을 가한다는 말이다. 실례를 들어보자. 영어에서 다음과 같이 네 개의 음소가 주어졌을 때,

가능한 결합의 수는 4! = 4*3*2*1 = 24가지이다. 이 중에 몇 가지만 살펴보면

plig, pgil

등의 조합은 사전의 표제어가 아니다. 그러나 영어외권 화자가 이런 조합을 만났을 때, 자신이 모르는 단어려니 생각할 것이다.

반대로

lpgi, ilpg, ilgp

등의 조합을 접하게 되면 아주 불편해할 것이다. 영어를 모국어로 하는 화자에게는 어떤 음소의 연쇄가 가능한지 아닌지에 대한 지식이 직관적으로 갈무리 되어 있다. 이런 직관을 기막히게 잘 나타낸 것이 루이스 캐럴의 「거울을 통해서」에 나오는 Jabber-Wocky다.

Twas brillig, and the slithy toves
Did gyre and gimble in the wabe
All mimsy were the borogoves
And the mome raths outgrabe

여기에 나오는 단어들은 기능어(문법적 형태소: Twas, and, the…)를 제외하고 내용어는 사전에 없는 무의미한 단어들이다. 그러나 음운론적 규칙을 준수하고 있기 때문에 흔히 쓰이는 영어단어와 구분이 어렵다. 앨리스는 이 시에 대해 이렇게 말한다.

"아름답다고 생각하지만 이해하기는 매우 힘들다. 이 시는 내 머릿속에 많은 생각을 떠오르게 하지만 이 생각이 무엇인지를 꼭 끄집어 말할 수가 없어요."

40여 년 전만해도 음성학은 언어학에서 이를테면 서자 취급을 받았다. 인간의 조음기관이 확정적인데다 연구 대상인 기본 음소가 그리 많지 않기 때문이다. 그런데 실험 음성학의 등장으로 음성학은 전성기를 맞고 있다. 말소리는 몇몇 음향 성분으로 분해되고, 이런 음향성분을 적정한 비율로 섞어 인공적으로 음성을 합성하여 '말하는 기계'가 실현되었다. 우리말의 음소 /ㄱ/은 어두에서 발음될 때 ('가방'), 모음 사이에서 발음될 때('아기'), 어말에서 발음될 때 ('북') 그 음성학적 특징은 모두 다르다. 단순히 분절음만을 조합한다면 양질의 합성음이라고 할 수 없다. 우리말 특성에 맞는 성조(tone), 강세(accent), 억양(intonation), 휴지(pause) 등을 적용해야 한다. 이들을 운율(韻律, prosody)이라고 하는데, 분절음(分節音)인 음소에 얹혀서 실현되기 때문에 초분절적(suprasegmental) 요소라고 부른다.

이보다는 더 어렵지만 음성을 인식하는 기계도 실용화되어 컴퓨터 산업의 비약적 도약을 가져왔다. 이제 인간과 기계가 자연언어로 대화가 가능한 시대가 된 것이다.

목소리에도 지문처럼 성문(聲紋)이 있다. 음성을 녹음하여 음성분석장치로 분해하면 개인마다 다른 특징이 나타나는 그래프를 얻을 수 있는데, 이것이 목소리 지문, 성문

(voice print)이다.

어린이 유괴 사건을 해결하는데 성문 분석은 큰 역할을 한다. 최근 경찰청은 국립과학수사연구원의 협조로 범인의 성문을 분석하여 최초로 보이스피싱 조직을 검거하였다. 이것이 바로 순수과학의 힘이다. 어린아이가 장차 무엇이 될지 알 수 없듯이 순수과학이 어떻게 쓰일지 미리 알 수 없다. 음성학이 범인 검거에 쓰일 줄 누가 알았겠는가!

· ·

2015년 8월, 네덜란드의 17살 소녀 베라 몰은 스페인 북부로 여행을 떠나 번지점프 도전에 나섰다. 번지점프대에 올라선 베라는 현지 직원이 "No Jump!"를 외쳤는데, 이를 "Now Jump!"로 잘못 알고 뛰어내렸다가 변을 당했다. 번지점프 줄이 몸에 고정되지 않은 상태에서 뛰어내린 것이다. 사고의 원인은 스페인 직원의 영어 발음이 매우 불분명했기 때문이었다!

· ·

2. 형태소

아리스토텔레스는, "단어란 의미를 갖는 언어의 최소 단위"라고 정의하였다. 이 정의는 20세기까지 유지되었고, 아직도 일반인들에게는 상식으로 통한다. 그러나 많은 단어들은 좀 더 작은 단위들로 구성되어 있는데, 그런 의미의 최소 단위를 형태소(morpheme)라고 한다. 예를 들어 'unhealthy'는 'un-health-y'로 분해되는데, 'un'은 부정을 나타내는 접두사, '-y'는 형용사를 나타내는 접미사이다. 여기에서 보는 것처럼 어휘 실력을 늘리기 위해서는 접사(접두사+접미사)에 대한 지식이 필수적이다. '-health-'는 어휘 형태소라고 한다. 우리말의 경우 접두사 '헛-'의 용례를 보면,

헛수고(보람이 없는 수고)
헛소문(근거 없는 소문)
헛돌다

접미사 '-꾼'의 예를 보자.

나무꾼/싸움꾼/소리꾼/장사꾼/사기꾼/노름꾼/일꾼/
사냥꾼

형태소는 소리, 뜻, 문법 세 가지 정보를 지니고 있기 때문에 매우 중요하다.

"하늘_ 높_ 푸르_"

이 정도의 문장은 이해에 큰 문제가 없지만, 아래 예문
은 문제가 된다.

···evening··· ···live··· ···elf···
···dance··· ···gambol···
···glade··· ···shine··· ···maple tree···
···green leaf··· ···spread.
저녁이었다. 사랑스러운 요정들은
숲 사이 빈터에서 춤추며 뛰놀았다.
단풍나무 잎사귀는 붉게 빛나고
푸른 잎사귀들은 펼쳐져 있었다.

우리말 번역을 바탕으로 생략된 형태소 채우기를 시도
한다면 형태소에 대한 훌륭한 연습이 될 것이다. 프랑스
철학자 르네 톰(Rene Thom)은 언어의 형태론은 모든 형태학
의 모태(matrix)가 될 수 있다고 예언하였는데, 그 후속 연구
가 아직은 이루어지지 않고 있다.

3. 이중 분절(二重分節, double articulation)

형태소와 음소의 개념을 알고 나면 이제 모든 인간 언어에 존재하는 보편적인 현상, 이중 분절(double articulation)을 알아볼 차례이다.

하늘이 참 높고 푸르다.

1차 분절 : 하늘/이/참/높고/푸르/다.

2차 분절 : ㅎ+ㅏ+ㄴ+ㅡ+ㄹ/ㅇ+ㅣ/ㅊ+ㅏ+ㅁ/ㄴ+ㅗ+ㅍ+
ㄱ+ㅗ/ㅍ+ㅜ+ㄹ+ㅡ+ㄷ+ㅏ/

아하, 1차 분절은 형태소 분석이고, 2차 분절은 음소 분석이로구나! 그렇다. 그래서 어쨌다는 거냐? 이 현상은 프랑스의 언어학자 마르티네(A. Martinet)가 발견했는데, 알고 보면 '콜럼버스의 계란' 같은 것이지만 사실은 여기에 인간 언어의 창조성의 비밀이 숨어 있다. 그것은 바로 불연속성(discontinuity)이다. 새나 동물의 소리는 연속적인데 반하여, 인간 언어는 분절언어 즉 불연속성이라는 특성을 지니고 있다. 이 특성이 중요한 이유는 결합(combination)을 가능하게 해주기 때문이다.

시간도 마찬가지이다. 12월 31일 자정이 지나면 1월 1일이 된다. 하지만 실제로 시간이 그렇게 나뉘어지는가? 시간은 그저 연속적인 흐름일 뿐이다. 그런데 우리는 12월 31일, 1월 1일로 나누어 불연속적으로 파악한다.

무지개도 실은 가시광선 영역 안의 거의 모든 색깔이 스펙트럼으로 펼쳐진 것이다. 편의상 '빨, 주, 노, 초, 파, 남, 보'로 부르지만, 뒤섞이듯이 배치되어 있어서 확실한 구분은 불가능하다.

무지개가 7색이 된 사연은 뉴턴이 도레미파솔라시의 7음계에 따라서 색을 나누었기 때문인데, 뉴턴 이전 유럽에서는 5색으로 나누었다. 우리나라에서도 '오색 무지개'라고 하지 않았던가. 이렇게 언어는 아날로그적인 세계를 디지털 세상으로 변환시키는 역할을 수행한다. 여기에 언어의 분절성이 보여주는 한계와 동시에 실용성이 숨어있는 것이다.

어휘는
기폭제다

아이의 말에 두 배로 답해라
육아솔루션

생후 12~24 months

생후 18개월경에는 어휘 수가 20~50개, 생후 24개월에는 약 3백 개로 사용하는 단어가 늘어난다.

그야말로 언어 발달이 폭발하는 시기다. 이 시기에는 다양한 사물을 보여주며 그에 맞는 단어를 들려주고, 정확한 발음을 알려주기 위해 엄마가 다시 한 번 아이의 말을 반복해 주는 등 아이의 말에 두 배, 세 배로 답해주는 것이 중요하다.

새로운 낱말은 논의의 대지에 뿌려진 신선한 씨앗과 같다. '다람쥐'하면 다람쥐의 귀여운 모습과 함께 도토리, 참나무(상수리나무, 굴참나무, 떡갈나무, 신갈나무, 갈참나무, 졸참나무), 청설모 등이 연상될 것이다.

아래 수형도에 나와 있는 어떤 어휘라도 나머지 다른 어휘를 환기시킬 수 있는 잠재력을 지니고 있다. 이런 현상을 어휘점화효과(lexical priming effect)라고 한다. 점화효과에서 최초로 제시된 단어를 점화단어(priming word)라고 하고, 나중에 환기된 단어를 표적단어(target word)라고 한다.

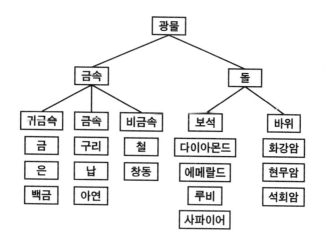

　최초의 수준에서 금, 은, 백금 등은 '귀금속'을 점화시키고, 그 다음 수준에서 귀금속, 금속, 비금속은 '금속'을 점화한다. 마지막 수준에서 금속과 돌은 '광물'을 점화한다. 이런 식으로 사전의 어휘들은 어떤 방식으로든 서로 연관되어 있다.

1. 관계의 망

　사전에 있는 어휘들은 고립되어 있는 것처럼 보이지만 사실은 긴밀한 '관계의 망'을 이루고 있다. 전통적으로 동의어, 상위어/하위어, 반대어 등 단어들은 서로 모종의 관계를 맺고 있다. 어떤 어휘의 의미가 분명하지 않을 때에는 그 말의 반대어가 무엇인지 알아보면 큰 도움이 된다. 예를 들어, '민며느리'의 뜻이 모호하다면 그 반대어가 '데릴사위'라는걸 알면 분명해진다.

내리사랑	↔	치사랑
끼니	↔	새참
곰방대	↔	장죽
찰나	↔	겁
옥쇄(玉碎)	↔	와전(瓦全)
미필적	↔	확정적
가학적	↔	피학적

여러분은 데자뷰(dejavu, already seen)의 반대어를 알고 있는가? 데자뷰란 처음 본 것을 이미 본 것처럼 느끼거나, 최초의 경험을 이미 경험한 것처럼 느끼는 현상으로 기시감(旣視感)이라고 번역한다.

그 반대말은 '뷔쟈데'라고 하는 데, 익숙한 것을 낯선 것으로 느끼는 현상으로써 미시감(未視感)이라고 한다.[31] 뒤샹(M. Duchamp)은 친숙한 대상(변기)을 낯선 공간(전시장)에 배치하여 사람들에게 놀라움을 선사하였다.

혁신적인 기업이나 개인은 '뷰쟈데'식으로 사고한다. 기존의 것을 뛰어넘어 새로운 가치를 창출하기 위해서는 '익숙한 것을 새로운 관점'으로 바라보는 사고의 전환이 중요하다.

하나의 어휘에 대해 꼭 하나의 반대어만 대응하지는 않는다. 예컨대, '진지한 학생'의 반대어는 '게으른 학생'이 될 것이고, '진지한 이유'의 반대어는 '가벼운 이유'가 될 것이다.

반대의 뜻을 가진 낱말들이 결합하여 하나의 구를 형성할 수 있을까? 가능하다! 예를 들어 '미친 지혜', '우뢰와 같은 침묵', '똑똑한 바보' 등 얼마든지 만들 수 있는데 이를 형용모순(oxymoron)이라고 한다. "천천히 서두르라!"는 말도 형용모순의 사례이다.

다른 한편, "달리다" 같은 평범한 동사를 정의하려고 한

---

31) 세상을 사로잡은 히트작들이 어떻게 만들어졌는지 분석한 『히트 메이커스』라는 책에 의하면, '새로우면서도 익숙하고', '익숙하면서도 새로운' 제품이 히트를 친다고 한다.

번 시도해 보자, 쉽지 않을 것이다. 그러나 그것을 다른 운동 동사들(걷다, 기다, 날다, 구르다, …)과의 관계 속에서 관찰하면 그것의 통용 범위(value)를 알 수 있을 것이다.

하나의 단어는 사실 어떤 수(number)와 같다. 수의 본질은 상대적이며 절대적이 아니다. 즉, 어떤 수는 수 체계(system of number) 내의 장소에 지나지 않는다. 단어도 마찬가지다. 단어는 한 언어의 어휘체계 내에서 하나의 위치를 가리킨다. 사전이 이를 잘 보여주고 있다. 하나의 표제어를 정의하려면 그 언어가 제공하는 어휘체계에서 다른 단어의 도움으로만 가능하다.

그리고 하나의 단어는 다른 어떤 단어와도 결합이 가능하다. 작가나 시인은 이런 사실을 잘 알고 있다. 시험 삼아 전혀 연관성이 없어 보이는 '주먹'과 '꿈'을 결합하여 하나의 문장을 만들어보시라.[32]

2. 마인드맵

'생쥐'하면 연쇄적으로 다른 어휘를 예상하게 된다. 고양

---

32) "할머니는 사람은 꿈을 꾸면서 키가 큰다고 하였다. 그의 주먹이 그렇게 큰 걸 보니 그의 주먹은 꿈을 많이 꾼 모양이다."

이, 쥐덫 등 필자의 경우 '정치인'도 예상되는데, 이들도 생쥐처럼 수서양단하는 공통점이 있기 때문이다! 이런 점화효과[33]를 확대한 것이 이른바 마인드맵이다.[34] 아래의 표는 '행복'에 대해 필자가 만든 다이어그램이다.

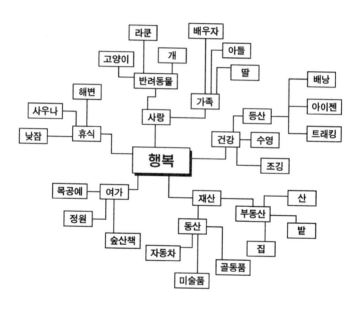

---

33) 개념들이 다른 개념들에 연결되어 있어서, 그 중 하나가 자극되면 그 여파가 다른 연합된 생각들을 자극하여 의식에 떠오르게 하는 작용
34) 토니 부잔(Tony Buzan), 『토니 부잔의 마인드맵 두뇌사용법』, 비즈니스맵, 2010.

이것이 전부가 아니다. 사전에 나와 있는 모든 어휘가 이런 방식으로 서로 연관을 맺고 있기 때문에 충분한 면적이 주어진다면 사전의 모든 어휘를 여기에 추가할 수도 있을 것이다! 데리다(Derrida)의 산종(dissemination)이란 하나의 기표가 씨앗을 뿌려 또 다른 기표를 만들어내면서 기표가 무한하게 전개되는 현상을 말한다. 기표의 연쇄를 통해 의미장(semantic field)을 무한정으로 확대시킬 수 있다는 아이디어는 언어학자들에게는 이미 친숙한 생각이다.[35]

마인드 맵은 말하자면 두뇌 폭풍(Brainstorming)을 정리한 것이다. 즉 어떤 주제에 대해 아무런 제약 없이 생각나는 대로 정리해 가는 것이다. 그 요령은 다음과 같다.

- 중심 생각을 용지의 중앙에 기입한다. 마인드맵은 항상 하나의 중심 이미지에서 방사상으로 뻗어나가는 구조를 가진다.
- 모든 핵심어는 중앙의 중심 생각과 연결한다.
- 핵심어들끼리 선을 그려가며 생각을 표현한다.
- 색상이나 기호를 사용하여 특정 어휘를 강조한다.

---

35) 이미 알려진 현상을 마치 처음 발견한 것처럼 사람들을 어리둥절하게 하는 신조어를 만드는 것은 철학자들의 장기인 듯 싶다.

누구나 마인드맵을 작성할 수 있다. 신년 계획부터 월간 계획, 저술 계획, 기획안 작성, 회의 준비 등 아이디어가 필요한 모든 경우에 마인드맵은 두뇌를 깨워 창의적 발상을 하도록 도와줄 것이다.

여러분이 '행복'에 대한 마인드맵을 만든다면 각인각색일 것이다. 여기에서 제시된 마인드맵이 나올 확률은 제로에 가깝다고 보아도 무방할 것이다. 우리 모두는 신기할 정도로 서로 다르다. 모든 인간은 우리가 알고 있는 것 이상으로 더 개성적이고 독특한 존재다.

알려진 바와 같이 두뇌는 패턴과 전체성을 추구하는 경향을 지니고 있다. 마인드맵은 바로 이러한 두뇌의 타고난 성향을 최대한 활용하는 것이다.

3. 원격연상검사(RAT, Remote Association Test)[36]

하나의 핵심어가 주어지면 연상의 되는 다른 단어가 수면에 떠오르는데, 이런 현상을 점화라고 앞에서 말하였다. 이제 방법을 달리해서 몇 개의 단어를 주고 이로부터 연상되는 주제를 기억하는 과제로 나가보자. 처음에는 두 개의 단어로부터 시작한다. '보름달'과 '선물'이 주어졌을 때 무엇이 연상되는가 아직 찾지 못한 사람에게 '고향'이란 단어를 주면 보통은 '추석'을 어렵지 않게 연상할 수 있을 것이다. 이런 과제를 RAT라고 한다.

세 단어들은 하나의 목표 단어와 관계가 있지만, 약한 정도로만 관계가 있다. '윌리엄 텔', '뉴튼', '백설 공주'라는 단어들이 주어지면 '사과'를 연상해내야 하는 데, 여기에서 보듯이 목표 단어를 생각해내려는 사람은 각 단어에 대해 느슨하고 덜 흔한 용법을 찾아야 한다. 이른바 인생관이나

---

36) 1960년경 심리학자 사르노프 메드닉(Sarnoff Mednick)은 자신이 창조성의 본질을 찾아냈다고 생각했다. 그는 '원격연상테스트'를 만들었는데, 가령 작은 집, 스위스, 케이크로부터 '치즈'를 찾아내는 식이다. 그에 의하면 창조성이란 "예외적으로 작동하는 연상기억"이라는 것이다. 어휘력과 상상력을 자극하는 흥미로운 발상이다. 정신분석은 다름 아닌 언어분석이므로 이런 검사는 피검자의 무의식에 접근할 수 있는 유용한 방법이 될 수 있을 것이다.

세계관이라는 것도 어느 정도 마인드맵이나 원격연상과 모종의 연관이 있지 않을까 추측해 본다.

우리는 원격연상검사의 변이형으로 몇 개의 어휘를 주고 시를 짓는 과제를 제안한다. 가령 {하늘, 전나무, 화산, 붓, 사랑}이라는 다섯 개의 어휘를 주고 작문 시험을 치르는 건 어떨까.[37]

원격연상검사의 또 다른 변이형으로 우리는 문장완성검사(SCT)를 제안한다. 이 검사는 주어만 나와 있는 불완전한 문장을 제시하고 나머지를 처음 떠오르는 생각으로 채우는 것으로 이루어진다. 예를 들어, "내 생각에 아무개는…"이 주어지고 이 문장을 완성하는 것이다. 여기에서 '아무개'는 직장 상사도 될 수 있고, 고인이 된 아버지도 될 수 있는데, 아무튼 피검자의 정서나 가치관 등이 투사될 수 있는 단어라면 된다. 이 예문에 대한 완성된 문장은 사

---

37) 하이네(Heine)의 멋진 시 〈고백〉

하늘은 점점 어두워지고 내 마음 더욱 사나워지니
나의 단단한 손으로 노르웨이 숲에서 가장 큰 **전나무**를 잡아 뽑아
에트나 **화산**의 불타오르는 분화구에 집어넣어
불붙은 거대한 **붓**이 되면
캄캄한 하늘에다 써 놓으리라.
"아그네스, 나 그대를 **사랑**해!'

람마다 다를 것이다.

> 1. 가족에게 누만 끼치고 돌아가신 것 같다.
> 2. 주관이 너무 강해 다른 사람의 말을 듣지 않는다.
> 3. 바늘로 찔러도 피 한 방울 안 날 사람이다.
> 4. 피도 눈물도 없는 사람이다.
> 5. 인간적인 너무나 인간적인 사람이다.

답에는 정답이 있을 수 없다. 중요한 점은 생각나는 대로 써야 한다는 것이다. 작문 시험이 아니므로 문장이 수려하지 않아도 상관없다. 시간제한은 없으나 제일 먼저 생각나는 것을 빨리 쓰면 된다.

4. 언어와 정신분석

20세기의 두 가지 인식론적 혁명으로 흔히 언어학과 정신분석학을 꼽는다. 그런데 정신분석은 약물이나 의료요법에 의해서가 아니라 순전히 말에 의해 진행된다. 이렇듯 언어는 정신분석의 대상인 무의식과 불가분리의 관계에 있다.

대표적으로 말실수(tongue slip)를 들 수 있는데, 프로이트
는 『일상생활의 정신병리학』(1901)에서, 말실수는 감추고
싶은 속마음이 무의식 중에 입 밖으로 튀어나오는 것이라
고 한다. 예컨대, 회의를 주재하는 의장이 회의 의제가 마
음에 들지 않을 때 "재회를 선언합니다!" 대신에 "폐회를
선언합니다!"라고 말하는 경우가 그러하다.

미테랑 대통령이 내각을 개편할 당시 야당 대표였던
자크 시라크는 이렇게 말한다: "Le nouveau cabinet est
meilleur que le président."(새 내각은 대통령보다 낫다!) 사실은
"le précédent"(전번 내각)이라고 말해야 하는데, 미테랑과 앙
숙이었던 시라크는 자신도 모르게 말실수를 한 것이다.

그러나 모든 말실수가 어떤 무의식의 발로라고 일반화
하기에는 좀 무리가 따른다. 실수로 어떤 단어가 튀어나왔
을 경우, 단순히 그 단어가 발음하기에 더 편했기 때문일
수도 있는 것이다.

단어와 관련하여 '단어연상검사(word association test)'에 대해
한마디 하지 않을 수 없다. 이 검사는 1903년부터 융(Jung)
이 개인의 무의식을 파악하기 위해 수행한 검사로서, 피검
자에게 일련의 자극단어를 제시하고, 각 자극단어에 대해
연상되는 단어를 답하게 하는 식으로 이루어진다. 융은 특

정 단어에 대한 반응에서 반응시간 지연에 대해 큰 중요성을 부여했는데, 자극과 반응 간의 시간지연이 자신을 표현하는데 방해물을 나타낸다고 보았다. 융의 단어연상검사는 피분석자의 무의식적 콤플렉스를 환기시켜 의식화하는데 크게 도움이 되었다. 정신 분석 방법의 요체는 환자의 머리에 떠오르는 생각을 숨기지 않고 이야기 하는 것인데, 이 과정에서 피검자들은 강한 정서적 반응을 일으키는 관념이나 콤플렉스에 부딪힌다.

5. 사물화(reification)

단순히 사고 속에 있는 것에 불과한 것을 의식의 바깥에 있는 실체로 생각하는 것. 그러니까 일반개념을 마치 실재의 사물처럼 생각하는 것을 말한다.

"소금 좀 이리 줘!"

우리가 자주 사용하는 보통명사들이 사물을 가리키기 때문에, '소금'이라는 명사(noun)가 사물이 아니라는 것을 알고 있다 해도 일상에서는 그렇게 통용되기 때문에 말을 사물로 동일시하기 마련이다. 즉 단어를 단어 자체로 여기는 것이 아니라 그 단어에 의해 지시되는 대상처럼 여긴다는 것이다. 여기까지는 그다지 해롭지 않다.

문제는 '정의'나 '사회'와 같은 추상명사나 집합명사들에서도 어떤 실체적 관념을 떠올린다는 데에 있다. 정치가들은 자신의 개인적인 견해를 "국민의 뜻에 따라"라는 말로 자주 포장한다. 그런데 '국민의 뜻'이라는 표현도 사실은 물화(物件, réification)의 소산이라는 점을 지적하지 않을 수 없다.

....

물화(物化, Verdinglichung)

1. 인간 그 자체의 물화: 노예해방 이전에는 노예를 상품처럼 팔고 사고하였다.

2. 인간 행동의 물화: 군중심리로 움직이는 사람들의 행동, 행동양식의 습관적 고정화 등 개인의 힘으로는 조정할 수 없는 인간 행동 양식을 물질로 간주.

3. 인간 능력의 물화: 예술가의 정신이 구현된 예술 작품이나, 노동 가치설에서 말하는 상품 가치.

....

IV

말의
게임룰

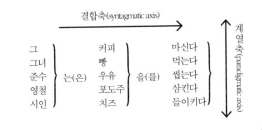

소쉬르(Saussure)가 언어 현상에서 발견한 '데카르트좌표(Cartesian coordinates)'는 언어학의 위상을 경험과학(Experience Science)에서 실험과학(Experimental science)으로 도약시키는 결정적인 계기가 되었다.

현대 언어학의 아버지라 불리는 소쉬르[38]의 가장 큰 업적은 언어는 질료(matter)가 아니라 형식(form)이라는 사실을 명백하게 밝힌 데 있다고 우리는 생각한다.[39] 이해를 돕기 위해 우리는 탱그램을 도입하고자 한다. 탱그램은 정사각형을 교묘하게 일곱 조각으로 나누어 놓아 칠교(七巧)놀이라고도 불리는데, 이것을 가지고 사람, 동식물, 건축물 등 온갖 사물을 만들어내는 놀이이다.

고대 중국에 기원을 둔 탱그램은 '지혜판'이라고도 불렸

---

38) Ferdinand de Saussure (1857~1913) 스위스의 언어학자. 구조주의 언어학과 미국의 퍼스(Charles Sanders Peirce, 1839~1914)와 더불어 현대 기호학의 창시자.

39) 역사적으로 이오니아학파(밀레토스학파라고도 한다)는 세계의 원리를 질료에서 찾았다. 이 학파의 탈레스는 '물'이 만물의 근본원리라고 생각했다. 반면에 피타고라스학파는 만물의 원리를 '형상'에서 찾았다. 형상이란 질료가 조직되는 방식이다. 예를 들자면, 질료인 대리석이 '생각하는 사람'이란 형상을 만들어 로댕의 작품이 된다.

으며, 탱그램이란 이름으로 전 세계에 퍼졌다. 예로부터 두뇌를 발달시키는 최고의 놀이로 여겨졌으며, 다른 놀이보다 많은 사고력이 필요해 온갖 재주와 지혜를 짜내야 한다.

어린아이의 두뇌 발달과 노인의 치매 예방에 최상의 놀이라고 한다. 왼편 상단에 한 변이 10cm인 정사각형을 분할한 형태가 보이고, 나머지는 7조각을 가지고 조합한 형태들의 예시이다.

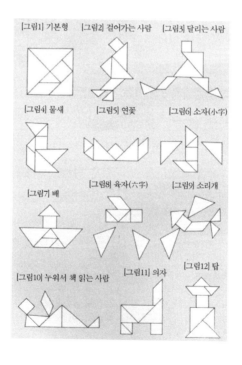

[그림1] 기본형　　[그림2] 걸어가는 사람　　[그림3] 달리는 사람

[그림4] 물새　　　　　[그림5] 연꽃　　　　[그림6] 소자(小字)

[그림7] 배　　　　　[그림8] 육자(六字)　　[그림9] 소리개

[그림10] 누워서 책 읽는 사람　　[그림11] 의자　　[그림12] 탑

단어처럼 하나의 부품은 나머지 모든 부품들과 관계를 맺으면서 수많은 기능을 수행한다. 언어는 형식(form)이지 질료(matter)가 아니다. 우리는 앞에서 실제 음성 'p'와 음소 '/p/'를 구분하였다. 전자는(사람마다 다르게 나타나는) 질료이고 후자는 형식이다. 의미 차원에서 보자면, 가령 무지개의 색은 연속적인데 우리는 이를 분할(segmentation)하여 '빨주노초파남보'식으로 불연속으로 만들었다. 실제의 무지개는 질료이고 후자는 형식이다. 이와 유사하게 탱그램의 부분품은 유리, 나무, 아크릴, 플라스틱, 돌, 쇠 등 무엇으로 만들어도 무방하다. 이것은 질료이다. 그러나 크고 작은 삼각형 다섯 개, 정사각형 하나, 평행사변형 하나 이것들은 형식이다!

언어기호는 무정형의 생각 덩어리(A)와 소리라는 음성 재료(B)로부터 자의적으로 분할되면서 이루어지는데, 이렇게 이루어진 언어기호들의 총체는 형식이며, 무정형의 사고 덩어리와 음성 재료는 질료를 이룬다. 소쉬르는 '무정형의 덩어리(mass informe)'라고 불렀다. 언어나 탱그램 둘 다 자기 충족적 폐쇄체계로써 소쉬르는 이렇게 말한다.

**언어학의 유일하고도 진정한 대상은 언어인데, 언어는
그 자체로써, 그것만을 위하여 고찰되어야 한다.**

모든 인간 언어가 공통적으로 보여주는 특성들의 집합을 보편문법(Universal Grammar)이라고 한다. 장세니슴[40]의 본거지인 포르-루아얄(Port-Royal) 수도원 소속 랑슬로(Claude Lancelot, 1615~1695)와 아르노(Antoine Arnaud, 1612~1694)는 1660년 『일반이성문법』을 저술한다. 이 책은 그때까지 라틴어 중심의 문법책과는 달리 모든 인간 언어에 공통된 일반적 문법을 지향했다. 여기에서 처음으로 '보편문법'에 대한 아이디어가 구체적으로 제시된다.

포르 - 루아얄 문법이라고 불리는 이 문법은 언어가 사고를 표현하는 원리들을 제시하는 까닭에 '이성문법'이라고도 불리운다. 보통 정신의 세 가지 작용으로 개념화, 판단, 추론을 내세운다. 이 책에서는 처음 두 가지가 논해지는데, 추론에 관해서는 2년 후인 1662년 아르노와 니콜(Pierre Nicole, 1625~1695)에 의해 저술된 『논리학』에서 다루어

---

40) 루터의 종교개혁에 이어 가톨릭 교회의 개혁 운동에 예수회와 장세니슴이 있다. 전자가 적극적인 사회 활동을 추진한데 반해 후자는 현실로부터 스스로를 소외시켜 신앙의 순수성을 지키고자 했다.

진다.

『일반이성문법』이 부활한 것은 촘스키[41]덕분이다. 그는 포르-루아얄로부터 헤르더[42], 훔볼트[43]에 이르기까지 유럽의 비경험주의적인 언어사상을 『데카르트 언어학』[44]으로 규정하고, 이 책에서 그는 다음 세 가지 견해를 적극적으로 수용한다.

- 유한한 어휘와 규칙으로부터 무한한 문장을 생성하는 언어의 창조성
- 언어 표현의 다중 구조성: 심층구조와 표층구조 45)
- 인간의 언어 습득 능력이 생득적이라는 이른바 언어 생득설[46]을 주장한다.

---

41) Avram Noam Chomsky(1928~) 변형 생성 문법을 창시한 미국의 언어학자.
42) Johann Gottfried Herder(1744~1803) 그의 〈언어의 기원에 대한 논고〉(1772)는 나중에 훔볼트의 언어철학에 직접 영향을 주었다.
43) Wilhelm von Humboldt(1767~1835)
44) Noam Chomsky, Cartesian Linguistics: A Chapter in the History of Rationalist Thought New York: Harper & Row 1966.
45) 상식적 차원에서 말하자면, 심층구조란 의미를 정할 수 있게 머릿속에서 생각하게 되는 문장을 의미하고, 머릿속 문장이 현실적으로 쓰이는 문장으로 된 것이 표층구조이다.
46) 데카르트의 본유관념(本有觀念)에 해당한다. 즉 경험에 의해서가 아니라 태어나면서부터 인간 정신에 내재해 있는 관념. 경험론자 존 로크(John

그는 왓슨과 스키너 등 행동주의 심리학자들의 주장, 즉 언어 습득은 자극과 반응에 따른 훈련의 결과라는 주장을 강하게 배격한다. 인간이 오장육부를 가지고 태어나는 것은 나라, 인종, 성별, 출신 등에 상관이 없듯이, 어찌 보면 태어날 때 '언어습득장치(Language Acquisition Device, LAD)'라는 장치를 가지고 태어난다는 가설이 당연하게 보일 수도 있다. 생체리듬처럼 말이다.

사실 중국의 어린아이가 프랑스에서 자라면 프랑스 아이들과 똑같이 프랑스어를 배우며, 프랑스 어린아이가 중국에서 자라면 중국 아이들과 똑같이 중국어를 배운다는 사실은 언어 생득설의 강력한 경험적 증거가 된다.

촘스키[47]가 미시적 관점에서 보편문법에 접근한데 비하여 우리의 보편문법에 대한 접근 방식은 거시적 차원이다. 우리는 아래와 같은 현상 내지 사실은 전 세계 인간 언어에 내재하는 공통적인 속성이라고 본다.

언어의 게임룰이란 문법 내지 통사론을 의미한다. 통사론이란 의미 있는 구와 절, 그리고 문장을 형성하기 위해

Locke, 1632~1704)의 '빈 서판(tabula rasa)' 과 대립된다.
47) 그의 주저 『지배.결속이론:피사강좌』(1987)에서 보편 원리와 매개변항에 대해 자세하게 설명하고 있다.

단어들이 어떻게 배열되어야 하는지 말해주는 설계도이다. 통사론에 관한 전문 서적이 아닌 본서에서는 개별 언어의 문법을 취급할 수 없기 때문에, 그 대신 지구상에 존재하는 모든 언어가 지니고 있는 공통적인 속성을 취급할 것이다.

1. 직시어(直示語, deixis)[48]

언어 표현 중에는 화자(話者)가 어떤 대상을 직접 가리키는 일이 있는데, 이것을 '직시'라고 한다. 대화에서 사용되는 문장은 발화상황, 즉 누가, 누구에게, 언제, 어디서 말하는지 모르면 해석이 불가능한 경우가 많다.

나는 그녀를 어제 정오에 이 카페에서 기다렸다.

여기에서 발화상황을 모른다면, '나'와 '너'가 누구인지, '어제'가 언제인지 그리고 '이 카페'가 어느 카페인지 알 수가 없다. '나, 지금, 여기(I, Now, Here)'는 데카르트 좌표의 원

---

48) 그리스어로 '가리키다(pointing)'는 의미이다. '지시어(指示語)'라고도 한다.

점처럼 모든 대화의 기준점이 되는 것이다. 따라서 언어행위는 근본적으로 '자기중심적(egocentric)'이라는 사실을 알수 있다. 각각의 발화자는 모두 대화의 기준점이 된다. 직시에는 이처럼 세 가지 유형이 있다.

1. 인칭 지시: 나('나'라고 말하는 사람)

2. 시간 지시: 지금('지금'이라는 말하는 바로 그 순간)

3. 공간 지시: 여기('여기'라고 말할 때 화자의 위치)

'나'를 기준으로 '너'와 '그 사람'이 정해지고, '지금'을 기준으로 '어제'와 '내일'이 설정된다. 그리고 '여기'를 기준으로 '저기'가 결정된다. 영어에서는 연동자(連動子, shifter)라고 하는 데, 이것은 피스턴의 수직운동을 바퀴의 회전운동으로 변환시키는 부품이다. 여기에서는 언어 체계(langue)를 담화(discourse)로 변환한다는 의미에서 '전이사(轉移詞)'라고 한다. 다른 말로는 유형(type)을 사례(token)으로 바꿔준다고도 한다.[49] 직시사와 관계하여 여러 가지 재미있는 현상을 볼 수 있다.

---

49) 사전에 있는 표제어를 '유형'이라 하고, 이 표제어가 실제 문장이나 담화에서 사용되면 '사례'가 된다.

"금일 현금, 내일 외상"

"오늘 머리하는 날"

"Free Beer Tomorrow"(내일 맥주 무료)

"I am not here now"

마지막 문장은 일반적인 경우에는 발화할 수 없고, 전화 응답기에서만 가능한 문장이다.

〈거울의 저편에서〉 여왕은 앨리스에게 자신의 하녀가 되어달라고 부탁하면서 그 보상으로 "어제 잼을 주고, 내일 잼을 주겠다."고 한다! 그러니까 결코 잼을 받지 못하게 되는 것이다!

한 가지 흥미로운 사실은, 어린아이의 모국어 습득 과정에서 자신을 지칭하는 '나'는 자기의 이름보다 훨씬 나중에 나타난다는 것이다.

독일의 생물학자 헤켈(E.H.Haeckel, 1834~1919)은 "개체발생(ontogeny)은 계통발생(phylogeny)을 반복한다"는 생물 발생 법칙을 제창하였는데, 태아의 성장과정은 인류의 진화과정을 반복한다는 것이다.

이로부터 유추하여 우리는 어린아이의 모국어 습득과정은 그 언어의 진화과정을 반복한다고 주장하고 싶다. 이

에 따르면, 1인칭 직시어 '나'는 고유명사보다 나중에 출현
됐다는 사실을 알 수 있다.

2. 언어의 조합술(combinatory): 기호체계 대 신호체계

모든 문장은 결합축(syntagmatic axis)과 계열축(paradigmatic
axis)으로 분해할 수 있다. 문장은 수평적으로는 결합 관계
그리고 수직적으로는 계열 관계라는 내적 구조를 지니고
있다. 결합 관계란 문장을 생성하는 규칙에 의해, '나는 밥
을 먹는다.'처럼 단어들이 명확한 규칙에 따라 순서를 맞춰
공존하는 연쇄적 관계를 의미한다. 다른 말로 하자면, 결
합 관계란 인접한 단어들을 배열하여 문장이 형성되는 것
을 말하므로 인접 관계라고 할 수 있다. 그래서 공기(共起,
cooccurrence)관계라고도 한다.

하나의 단어는 이미 다른 단어와 유기적인 의미망을 형
성하고 있다. 하나의 동사가 주어질 때, 이 동사의 주어와
목적어가 될 수 있는 명사에는 엄격한 제약이 따른다. '마
시다'라는 동사의 주어는 생물, 그 중에서도 동물이어야 하
고, 목적어는 액체여야 한다. 명사도 마찬가지다. 즉 '밥'
은 '먹는다'와 결합해야지 '마신다'와 결합하면 인접 관계가

깨져서 비문법적인 문장이 되기 때문이다. 그런데 화자는 '밥' 대신 '간식', '라면', '사과' 등 얼마든지 다른 단어로 대체 (substitution)할 수 있다. 이를 계열 관계라 하고, {밥, 라면, 사과…}를 계열(paradigm)이라고 부른다. 이런 계열 관계로 인하여 어떤 사람이 20개의 단어로 이루어진 한 문장을 말할 때 그 이전에 쓰였던 문장일 가능성은 매우 희박하다.

유한한 수단(사전과 규칙)을 가지고 무한한 수의 문장을 생성하는 것이 대표적 기호체계인 언어의 특성이다. 기존의 제한된 신호로 기존의 사실만을 나타내는 신호체계(동물언어)와 달리, 기호체계는 기존의 기호로 미지의 사실을 나타낼 수 있다. 이것이 매우 중요한데, 인간은 언어라는 기호체계를 사용하여 이제까지 알려지지 않은 새로운 사실 내지 진실을 표현할 수 있기 때문이다. 기호는 신호처럼 고착되고 불변적 의미를 지니지 않는다. 아래 문장들은 독자 여러분이 아마도 처음 보는 문장일 것이다.

- **"거 뭐냐 씨발, 뭐더라, 씨발, 아, 그 씨발놈의 망치 좀 전해 줄래요?"** (『동물원을 샀어요』, p.218.)
- **"내 머릿속에서 예쁜 고양이가 산책을 한다."** (보들레르)
- **"성냥 한 개비가 들판을 태운다"** (모택동)

- "신에게 맹세컨대, 최소한의 비용으로 최대한 다양한 경험을 할 수 있는 것으로 책만한 것이 또 있겠는가?" (필자)
- "미래에 대한 염려와 예전 불행했던 기억을 등짐처럼 짊어지고 사는 것이 우리 중생들의 가여운 모습이 아닌가." (필자)
- 먹지도 않을 거면서 사람을 죽이는 것은 정말 나쁜 짓이다. (어느 식인종 추장)
- 사자가 지휘하는 양 떼가 양이 지휘하는 사자 떼를 이긴다. (격언)
- 아무리 운동할 시간이 없다고 투덜대는 사람도 아플 시간은 반드시 있는 법이다.
- 그날 저녁 나는 최대한 열심히 소화하고, 머리카락이 잘 자라도록 노력했다. (필자)
- 나는 일요일 저녁 대한민국의 모든 가정, 아니 북한까지 포함해서 한반도에 사는 모든 가정의 냄비 속에 갈비가 들어있기를 기원합니다. (필자)
- 그의 재능은 쿨쿨 코를 골며 깊은 꿈에 빠져있었다. (필자)
- 빨간 생각들이 평화롭게 드잡이를 한다. (필자)

이들 중 필자의 글은 처음 보는 문장일 터인데, 왜냐하면 방금 만든 문장이기 때문이다. 지성(知性)이란 이미 알고 있던 것이 아닌 무엇인가 이제까지 말해진 적이 없는 무언가 새로운 것을 말할 수 있는 능력이 아닌가.

여기에서 창의성(creativity)의 비밀을 엿볼 수 있지는 않은가. 잘만 하면, 언어는 인문학뿐만 아니라 모든 학문에 걸쳐서 '발견의 방법'을 제공하는 틀이 될 수도 있을 것이다.

사람들은 왜 시(詩)를 좋아하는가? 그것은 '접시꽃 당신'처럼 참신한 표현을 말할 수 있기 때문이다. 시의 천적은 진부한 표현이다. 진정한 시인은 언어와 비(非)언어의 경계를 넘나드는 실험가이다. 소설도 새로운 표현을 많이 도입하지만 촌철살인의 맛은 시에 비할 바가 아니다. 그래서 언어를 연구하는 사람은 시에 대해 무심해서는 안 된다. 시에서 언어의 본질이 가장 극명하게 드러나기 때문이다. 개인적으로 필자는 하이쿠[50]를 좋아하는데, 나오는 문장

---

50) 일본 고유의 정형시의 일종으로, 5·7·5의 17음(音)형식으로 이루어진다. 필자는 소세키(1867~1916)의 아래 하이쿠를 특히 좋아한다.

　　홍시여,
　　너도 젊었을 때는
　　무척 떫었었지.

마다 모두 처음 보는 문장이기 때문이다.

결합축과 계열축의 개념은 보다 확장하면 이야기(story)를 만드는데 활용할 수도 있다. 블라디미르 프로프(Vladimir propp, 1895~1970, 러시아 민속학자)는 『민담의 형태론』에서 러시아 민간에 전해 내려오는 옛날 이야기를 분석했는데, ①주인공, ②과제, ③방해자, ④조력자, ⑤과정, ⑥결말 등등 **결합축**으로 설정하고, 각각의 구성요소에서 설정할 수 있는 다양한 소재들을 **계열축**으로 삼아 러시아 민담을 설명하였다.

3. 회귀성(Recursivity)

가장 긴 문장은 존재하지 않는다. 이 말이 의미하는 바는 문장들의 집합은 무한집합이라는 사실이다. 주어진 문장에 형용사, 전치사구, 관계절 등을 추가하여 지속적으로 문장을 생성할 수 있기 때문이다.

나의 친구는 똑똑하다.

이 단시를 전개하자면 책 한 권으로도 모자르지 않을까 싶다.

나의 친구는 똑똑하고 성질이 급하다.

나의 친구는 똑똑하고 성질이 급한데 가끔 멍청한 짓을 한다.

나의 친구의 누나의 남편은 똑똑하다.

작년에 시집간 나의 친구의 누나의 남편의 여동생은 아주 못됐다.

⋮

또한 관계절에 나오는 명사에 다시 관계절이 따르고 그 관계절 속에 나오는 명사에 또 관계절이 나오고 등도 대표적 회귀성의 사례이다. n개의 단어로 이루어진 문장은 언제나 (n+1)개의 단어로 만들어진 문장으로 만들 수 있다. 이 말의 의미는 엄청난데, 가장 긴 문장은 이론적으로는 존재하지 않는다는 것이다. 역사상 가장 긴 문장을 쓴 챔피언은 빅토르 위고인데, 831개의 단어로 이루어진 하나의 문장을 썼다고 한다. 가장 짧은 문장(?)의 챔피언도 역시 그인데, 출판사에 원고를 보내는 편지에 "?"만 딸랑 썼다고 한다. 이에 대한 출판사의 답장은 "!"였다고 한다.

4. 은유(隱喩, metaphor)

전통적으로 은유란 두 사물 간의 유사성(ressemblance)을 바탕으로 한 종류의 사물에 다른 종류의 사물의 이름을 부여하는 것으로 정의할 수 있다.

최근 김용규는 그의 탁월한 저서 『생각의 시대』에서 다음과 같이 주장한다. 은유는 유사성을 통해 보편성을, 비유사성을 통해 창조성을 드러낸다. 이를 뒷받침하기 위해 그는 벤자민 프랭클린의 "시간은 돈이다."와 셰익스피어의 "시간은 민첩하고 교활한 파발마"를 각각 전자와 후자의 사례로 들고 있다.

과연 그러한가?

우리는 그의 '비유사성'이라는 말에 동의할 수 없다. 셰익스피어의 은유도 결국 새로운 유사성으로 환원되기 때문이다. 시간이나 파발마는 둘 다 빠르다는 유사성을 지니지 않는가. 그리고 세월 즉 시간과 파발마는 둘 다 모두 교활하지 않은가! 우리는 얼마나 세월에 속아 살아 왔는가! 그래서 "유사성과 비유사성이 은유를 떠받치는 2개의 기둥"이라기보다, 은유를 떠받치는 기둥은 유사성 1개의 기둥으로 충분하다는 것이 우리의 관점이다.

"내 마음은 호수요"에서 '마음'과 '호수'는 유사성에 의한 은유인가, 비유사성에 의한 은유인가? 생각하기에 달렸다 (Ca depend)! 은유를 기호로 표현하면 'A=B'인데, 사실은 'A → B'이다. A가 연금술적 변화를 일으켜서 A와 다른 B를 의미하기 때문이다. 그러니까 은유는 '상상적 동일성'인 셈이다. 그렇게 해서 새로운 유사성을 창조한다. 상상력은 은유의 형태로 인간만의 특징인 언어 속에서 구현된다.

은유가 중요한 이유는 정치적, 경제적, 문화적, 종교적 차원에서 새로운 현실을 축조하기 때문이다. 은유는 현실에 대해 무언가 새로운 것을 암시한다. 바로 이것이 보통 사람들의 생각과 행동을 암암리에 지배한다.

신문기자들은 상어다.

시간은 돈이다.

인간은 소우주이다.

인생은 꿈이다.

불은 두 나뭇조각에서 태어난 자식이다. (막스 뮐러)

아는 것이 힘이다.

나는 다이너마이트이다. (니체)

4차 산업혁명 시대에 은유의 개념을 활용하여 번성하는 기업이 있다.

옷은 생선이다. [51]

자동차는 굴러다니는 스마트폰이다. [52]

사람들은 은유에 근거해서 사고하고 행동한다. 그래서 은유는 표현기능에 그치는 것이 아니라 명령적, 사역적 힘을 가지고 있다. 어떤 은유를 가지고 사느냐에 따라 인생관이 달라진다.

---

51) 자라(ZARA)를 창업한 스페인의 아만시오 오르테가는 브랜드 정체성을 '생선가게'로 정했다. 재고로 남은 옷은 신선도가 급격히 떨어지는 생선과 다를 바 없다는 것이다. 이러한 발상의 전환으로 오늘날 '자라'는 패션 산업의 글로벌 리더가 되었다.

52) 중국 신생 벤처 기업 바이톤(Byton)이 자사 최초의 콘셉트 카를 선보이면서 하는 말이다. 운전석에 앉으면 나를 알아보고 내 몸에 맞게 의자를 조정한다. 잠시 후, "살이 찌셨군요!", "체중을 줄이세요!"라고 말을 건네는가 하면, 안전띠를 통해 혈압, 맥박, 심전도를 체크하고, 이상이 있으면 "병원에 예약을 할까요?"라고 묻는다!

인생은	투쟁 연극 도박 여몽포환	이다.

상상력은 은유의 형태로 언어 속에서 구현되는데, 이는 시인이나 작가에게 필요 불가결한 창조력의 원천이다. 다음 사례들은 평소에 수집한 사례들이다.

네 코는 달처럼 달콤해!

이 숯도 한때는 흰 눈이 앉힌 나뭇가지였겠지!

정목[53] 스님은 은유의 대가라고 불릴 만하다.

4-1. 아, **한숨** 같은 **그대**

　　누이 같은 **그대**

　　쓰러진 추억 같은 **그대여!**

---

53) 우리 시대 최고의 힐링 멘토. 『달팽이가 느려도 늦지 않다』 등 다수의 베스트셀러 저자.

4-2. 마침내 우리 **사랑**도 **눈물**되어 부끄럼 없이 흘러내리리라.

4-3. 나의 **소망**은 해가 지면 눈부신 **기다림**으로 타오르리라.

은유는 또한 이제까지 알려지지 않았던 사실 내지 진실을 발명하는 도구라고도 볼 수 있다. 타지마할을 일컬어 "시간의 뺨 속에 흘러내린 눈물방울"이라고 할 때 우리의 가슴은 진한 감동을 느끼지 않을 수 없다.

지브란(K. Gibran)이 '나무'를 '하늘을 동경하는 대지의 꿈'이라고 할 때, '회상'을 '만남의 한 형태'라고 할 때 우리의 마음은 설레지 않을 수 없다. 이렇게 우리의 생각과 행동을 지배하는 관념체계는 본질적으로 은유적이라고 할 수 있다. 대표적인 예로 신화적 은유를 들 수 있다. 미다스의 '손', 이카로스의 '날개', 프로크루스테스의 '침대' 등등.

학문의 발전도 은유와 뗄 수 없는 관계이다. 플라톤의 '동굴', 데카르트의 '전능한 악마', 애덤 스미스의 '보이지 않는 손', 마르크스의 '유령', 니체의 '유희' 등등.

그런데 모든 은유가 다 좋은 것은 아니라는데 문제가 있다. 빅토리아왕조 영국의 인기 작가 찰스 디킨스(1812~1870)의 『피크위크 페이퍼스』에 나오는 은유가 바로 여기에 해당한다. 법률가는 '토마토 소스를 곁들인 고기다짐'이란 요리를 육체의 밀어에 대한 은유로, "방을 데울 필요가 없다."는 말 또한 운우지정의 은어라고 주장한다. 타인의 행동과 말에서 범죄적 단서를 잡아내는 법조인의 장기는 강 건너 이야기가 아니다.

좋은 은유는 어떻게 만들어지나?

상자에 상당한 분량의 낱말들을 적은 카드를 넣고 섞는다. 그런 다음 무작위로 2장씩 고른다. 카드에 적힌 두 단어를 'A는 B이다.'라는 틀 속에 넣는다. 무작위이기 때문에 때로는 이상하거나 조잡한 조합이 나올 수 있다. 은유는 화용론적 지지를 받지 못하면 지나친 비약이 되어 공감대를 형성할 수 없게 된다. 여러분은 커밍스의 아래 시에 공감하는가?

그대 눈의 목소리는 어느 장미보다도 깊구려.
누구도 심지어 비조차도 그렇게 작은 손을 가질 수 없으리.

물론 공감하는 사람도 없지 않아 있겠지만, 여기에서도

다수결의 원리는 성립한다. 필자로서는 공감하기 어렵다.

시는 은유의 금광이다. 평소에 시를 낭독하는 습관을 지니면 '좋은 은유'에 대한 감을 잡게 될 것이다. 이러한 창조성은 추상적인 것이 아니라 곧바로 현실을 구축(construction)할 수 있는 동력이 되기 때문에 중요한 것이다. 수학에서도 새로운 아이디어를 표현할 언어가 없을 경우 은유에 의존하는데, 은유를 가지고 경험을 새롭게 조직하여 의미를 창출한다. 가령 데카르트 좌표에서 점(point)을 순서쌍(x, y)으로 규정한다든지, 연속함수를 "손을 떼지 않고 자유롭게 움직여 그려지는 하나의 곡선"(오일러)으로 정의하는 것은 모두 은유에 속한다.

나는 칼날이었다.

나는 강의 물방울이었다.

나는 빛나는 별이었다.

나는 책의 글자였다.

나는 최초의 책이었다.

나는 등불의 빛이었다.

나는 물 위의 다리였다.

나는 독수리처럼 여행하였다.

나는 하프의 줄이었다.

나는 마법에 걸려 일 년 동안 물거품 속에 갇혀 있었다.

(8세기 경 작자미상 영국시)

5. 문장의 변형 가능성

언어학은 경험과학으로써 관찰과 실험으로 연구가 진
행된다. 관찰이란 주어진 언어 자료에서 규칙을 찾아내는
수동적인 작업이다. 이에 반하여, 실험은 자연과학자가 자
연을 '고문'하듯이 언어 자료를 가지고 주로 다음과 같은
방식으로 실험을 한다.

5-1. 대체(Commutation)

대체(Commutation)는 문장의 개별적 요소들을 분리해서 다른 요소로 대체하여 주의 깊게 조사하는 방법이다. 음운론의 최소대립쌍 개념을 통사론에 적용한 대표적 사례이다. 다음 예문들에서 '*' 표시는 비문(非文)을 나타낸다.

총알이	벽을	
*이 생각이	철수의 어깨를	스쳤다.

교체 테스트(commutation test)는 언어 실험에서 가장 강력한 테스트다. 원래 음운론에서 개발한 방법인데, 통사론에서도 탁월한 성과를 거두고 있다. 이 테스트는 아래 예에서 보는 것처럼 의미론의 영역에까지 미친다.

그는	열렬히,	그러나 저급하게 사랑한다.
	*깊이,	

교체 테스트에 관하여 필자가 좋아하는 사례 한 가지를 소개한다. 세조의 장자방으로 통하는 한명회는 말년에 압구정이라는 호화스런 정자를 세우고 노후를 즐기면서 다

음과 같이 읊었다고 한다.

청춘부사직(靑春扶社稷)
백수와강호(白首臥江湖)
젊어서는 사직을 받들고,
늙어서는 자연에 누워 유유자적한다.

이에 생육신 중의 한 사람인 김시습은 '扶'를 '亡'으로, '臥'를 '汚'로 대체했다.

젊어서는 나라를 망치고, 늙어서는 자연을 오염시킨다.

과연 조선의 최고 천재답지 않은가!

5-2. 치환(置換, Permutation)

어순(word order)에 관한 문제로써 문장의 어떤 요소의 위치를 변경할 때 비문법적인 경우가 발생한다. 이것은 언어학자에게는 흥미로운 주제이지만, 여기에서는 이와 관련한 일화를 소개하는 것으로 그치고자 한다. 이른바 문자옥(文

字獄)[54]에 관한 일화이다. 다음은 문제의 시(詩)[55]이다.

    일세일월무(一世日月無)

    일파심장논탁청(一把心腸論濁淸)

    온 세상에 해와 달이 없으니,

    오직 심장을 쥐고 탁하고 맑음을 논하리라.

  '일월(日月)'을 '명(明)'으로, '탁청(濁淸)'을 '더러운 청나라'로 왜곡하면, 아래와 같은 시가 된다.

    세상에 명나라가 없으니,

    오직 심장을 쥐어잡고 이 더러운 청나라를 논하리라.

  화근은 원래 '청탁'이라고 하면 될 것을 운율을 맞추기 위해 두 글자를 **치환**한 데에 있었다.

---

54) 청나라 강희제, 옹정제, 건륭제 연간에 일어난 필화사건. 문자옥을 일으킨 것은 반청세력을 탄압하기 위한 것이었다. 그 특징은 황제들의 문자에 대한 왜곡에서 비롯되었다. 황상을 비방하거나 청나라를 풍자하는 것으로 보이는 문구나 구절이 발견되면 곧바로 형벌을 받았다. 문제는 그 해석이 대개 터무니없는 피해망상의 결과였다는 데 있다. 기표-기의 관계의 자의성(恣意性)은 이토록 무서운 결과를 초래할 수도 있는 것이다.
55) 호중조와 악창이 주고 받고 장태개가 쓴 시라고 한다.

몰리에르의 〈서민귀족〉 2막 5장에는 아래와 같은 문구가 등장한다.

아름다우신 후작부인,
당신의 아름다운 눈동자가,
저로 하여금,
사랑에,
미치게 합니다.

이 문장은 5개의 구(句)로 이루어진 문장으로 구의 순서를 바꾸면 120개의 문장을 얻을 수 있다. 위 문장과 정확히 역순인 문장도 좀 횡설수설하는 듯한 느낌은 받지만 의미 파악에는 아무런 문제가 없다.

미치게 합니다.
사랑에,
저로 하여금,
당신의 눈동자가,
아름다우신 후작부인!

이렇게 해서, 120개 각각의 문장은 아주 미묘한 뉘앙스의 차이를 가져온다. 치환이란 그런 것이다.

5-3. 추가(追加, addition)

문장에 임의의 요소를 추가할 때 비문이 되기도 하고 정문이 되기도 한다.

| 나는 이 나무를 | 한 손으로
도끼로
*그 자신의 무게로 | 꺾었다.
잘랐다. |

| 이 나무는 | 그 자신의 무게로
*한 손으로 | 부러졌다. |

이에 관련한 일화를 소개하겠다. 천재 수학자 아벨(Abel, 1802~1829)은 5차 이상의 방정식은 대수적으로는 풀 수 없다는 사실을 증명하였다. 그는 「5차 이상의 일반 방정식은 풀 수 없다는 것에 관해서」라는 제목으로 이 논문을 가우

스[56]에게 보냈다. 이미 방정식의 해가 반드시 존재함을 증명한 가우스는 "바보스러운 논문"이라고 무시해 버렸다. 아벨이 **대수적으로**'라는 결정적인 말을 빠뜨린 것이다!

5-4. 삭제(削除, omission)

원칙적으로 문장의 주요소는 삭제할 수 없다. 그러나 종요소는 삭제가 가능하다. 그러나 회색지대가 없지 않아 어떤 요소의 삭제 여부가 모호한 경우도 있다. 이런 문제는 언어학 전문 분야에 맡기는 편이 본서의 성격에 부합한다.

언어학에서 실험이란 이런저런 방식으로 변화(variability)를 주는 데에 있다. 자연과학이 자연을 '고문'함으로써 위대한 성과를 거둔 것처럼, 언어학자는 언어를 고문한다. 언어학이 관찰 위주의 경험과학 차원을 넘어 실험과학의 위상을 획득한 것은 이런 실험적 성격에서 유래한다.

로저 베이컨은 모든 언어를 위한 문법은 실체에 있어서 동일한 것이며, 언어들 간의 가시적 차이는 단지 우연적 차이라고 보았다. 한 언어의 문법이 이해될 수 있다면, 본

---

56) Carl F. Gauss(1777~1855) 대수학, 해석학, 기하학 등 여러 방면에서 뛰어난 업적을 남긴 19세기 최대의 수학자. 아르키메데스, 뉴턴과 더불어 '수학의 3대 천재' 중 한 사람이다.

질적 특성에 관한 한 모든 언어의 문법도 이해될 수 있다
는 것이다.

....

조르주 퀴비에(George Cuvier, 1769-1832)
프랑스 고생물학자, 비교해부학자

1. 기관들 간의 종속관계:

하이에나의 장(腸)은 고기만을 소화할 수 있기 때문에 그 턱의 힘은
강력해야 한다. 육식 동물의 발톱은 피포식자를 포획하고 잡아 찢을
수 있도록 만들어져야 하고, 이(齒)는 물어 끊을 수 있어야 한다.

유기체의 어느 한 부분에 영향을 미치는 변화는 다른 부분에 반향을
일으킨다. 손은 인체의 축소판이라는 것이 수지침(手指鍼)의 원리이다.
간이 안 좋은 사람은 손에서 간에 해당하는 부위를 눌렀을 때 심한
압통을 느낀다.

2. 형태들 간의 상관관계:

마치 곡선의 방정식이 그 모든 성질을 나타내는 것처럼, 이(齒)의 형
상은 발가락 관절의 형상과 관련되며, 어깨뼈의 형태는 발의 형태와
관련된다. 그리고 역으로 곡선의 작은 일부분으로도 그것의 일반식
을 유도할 수 있는 것처럼, 발, 어깨 뼈, 발가락 관절, 대퇴골, 그리고
어떤 다른 뼈를 들더라도 그것을 가지고 이의 구조를 밝힐 수 있다.
예를 들어 발굽을 가진 동물은 초식을 해야 한다. 그들은 포획물을 잡
을 수 없기 때문이다.

....

V

사피어
- 워프 가설

언어 상대성 원리/ 사피어 - 워프 가설

'모국어는 우리의 일상적인 생각과 인식에 지대한 영향을 끼친다.'

이미 1820년에 훔볼트는 "세계 언어의 다양성은 기호나 음성의 다양함이 아니라 세계관의 다양성이다."라고 갈파하였다. 미국의 인류학자이자 언어학자 사피어(Edward Sapir, 1884~1939)는 『Language』(1921)에서 이렇게 말한다.

"각 언어는 그 나름대로 실재를 분할한다. 그래서 서로 다른 언어를 말하는 사람은 세계를 다르게 본다. 언어가 사고를 형성한다."

그의 제자인 벤저민 리 워프(Benjamin Le Whorf, 1899~1941) 역시 "우리는 모국어에 의해 이미 처리된 방침에 따라 자연을 분할한다."라고 말한다. 그래서 모국어를 만든 조상들 조상 덕분에 우리는 사물을 명명하고 분류하는 수고로부터 벗어나 있는 것이다.

우리는 무지개가 7가지 색깔이라고 알고 있다. 하지만 무지개 색깔은 나라마다 다르다. 무지개를 5가지 색(멕시코 원주민 마야인), 심지어 두세 가지 색으로 분류하는 언어도 있다. 우리나라에서도 옛날에는 오색 무지개라고 했다.

이들은 영어와 달리 과거, 현재, 미래시제가 없는 미국 원주민 호피족 언어를 연구하면서, 언어에 따라 인간의 사고방식이 결정된다는 언어적 상대주의를 주장했다. 그러니까 모국어는 특정 유형의 사고를 하도록 우리를 유도한다는 말이다.

영어 'uncle'은 큰아버지/작은아버지/외삼촌/고모부/이모부를 모두 가리킨다. 우리가 느끼는 서로 다른 정감을 영어권 화자는 못 느낀다고 주장하는 것이 '언어적 상대주의'이다. 영어에서는 시제 변화에 따라 동사가 변화하지만 (go-went-gone), 중국어에서는 동사 자체가 시제변화에 따른 변화를 하지 않는다. 그러나 시제를 나타내는 표기가 따로 있다.

어제 비 내리다 : 昨天下雨

오늘 비 내리다 : 今天下雨

내일 비 내리다 : 明天下雨

It rained yesterday

It is raining now

It will rain tomorrow

인지언어학은 정반대의 가정을 하는 데, 인간이 세계를 인식하는 방법이 언어의 구조를 결정한다는 것이다. 스티븐 핑커는 『언어 본능』에서 사람이 각 나라 언어로 생각하는 게 아니라, 그보다 앞서는 '사고의 언어'로[57] 생각한다고 주장한다. 물리학의 천재 리차드 파인만은, 언어 표현보다는 개념의 발상이 선행하는 경우가 많았다고 회고한다.

사람은 책을 만들고 책은 또 사람을 만든다. 언어와 사고도 서로 삼투작용을 한다는 것이 저자의 관점이다. 인간의 가장 기본적인 인지능력은 주변에서 일어나는 여러 사물들 사이의 시간적, 공간적 관계를 인식하는 능력이다. 이제부터 본격적으로 시간인식과 공간인식에 대해 알아보기로 하자.

---

57) 비고츠키(Vygotsky, 1896~1934, 구소련의 교육심리학자)가 제기한 내적 언어(internal speech)로써, 발성을 하지 않고 내적으로 진행하는 언어활동을 의미한다. 개별 언어와는 독립적인 추상언어로써 정신어(mentalese)라고도 한다. 의사소통 도구로써의 외적 언어(external speech)와 대비된다.

1. 시간인식

영어 화자들은 '자아 이동 관점', 즉 시간은 멈추어 있고, 미래는 앞에 있으며 인간이 그곳으로 이동해 가고 있는 것으로 지각한다. [58]

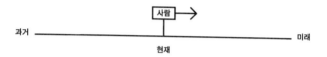

예컨대, 원고 마감일을 향해 내가 다가가고 있는 것으로 인식한다. 하지만 그리스인들은 시간 이동 관점, 즉 인간은 멈추어 있고 시간이 사람을 따라 잡는 것으로 인식한다.

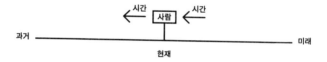

그래서 "원고 마감일이 다가오고 있다."고 인식한다. 그러니까 미래는 사람들 뒤에 머물러 있어서 보이지 않고, 과거는 앞에 놓여 있어서 가시적이다. 미래는 인간을 갑자

---

58) 나이를 먹는다는 의미이다.

기 습격한다. 그래서 인간은 '한 치 앞'도 못 보는 것이다.

서양의 선형적 시간 질서에 비해 동양은 해와 달을 보면서 그리고 계절이 봄 - 여름 - 가을 - 겨울을 거쳐서 다시 봄이 되는 순환적 시간에 익숙하다. 동아프리카 목축민 누에르족의 시간 관념은 수량화된 시간(초, 분, 시간 등)이 아니라 일련의 목축 작업, 즉 우사(牛舍)에서 소를 꺼낸다 → 착유 → 소의 방목 → 양의 착유 → 우사의 청소 → 소를 우사로 들여보냄 등을 기준으로 하는 '소시계'였다.

다른 한편, 고대 그리스인은 두 종류의 시간, 크로노스와 카이로스로 구분했다. 크로노스는 시계와 달력으로 나타나는 물리적 시간으로써 객관적 시간이다.

이와 달리 카이로스는 특수한 의미가 부여된 주관적인 시간이다. 애인을 기다릴 때는 일각이 여삼추고, 애인과 같이 보내는 시간은 쏜살같이 지나는 그런 시간이다. 물리적인 한 시간은 이 한 시간 동안 무엇을 겪는가에 따라 영겁일 수도 있고 찰나일 수도 있다.

시간을 어떻게 쓰느냐의 문제는 바로 카이로스적인 시간을 의미하고, 이것은 다시 '기회비용'[59]의 문제와 직결된

---

59) 하나의 선택으로 인해 포기된 기회들 가운데 가장 큰 가치를 기회비용이라고 한다. 내가 만 원을 가지고 무언가를 사먹었다면, 그 돈으로 내가 할

다. 내가 한 시간 동안 TV를 시청하면, 그 시간에 내가 할 수 있는 다른 일을 방기하는 것이 된다! 시간에 의해 끌려가는 삶이 아니라 시간을 자신의 것으로 만들어 가는 삶이 카이로스적 시간이다.

소르본 대학 교수를 역임한 폴 자네(Paul Janet, 1823~1899)는 10세 어린아이는 1년을 인생의 1/10로 느끼고, 70세 노인은 1/70로 느끼기 때문에 나이가 들수록 시간이 빨리 흐른다고 주장했는데, 이를 '시간 수축 효과(Time Compression)'라고 한다. 어떤 사람은 "10대에는 시속 10km로 가던 시간이, 70대가 되면 70km로 날아간다."라고 말하기도 한다.

이런 효과를 설명하는 가정 중에 '망원경 효과(Backward & forward telescoping)'라는 것이 있다. 몇십 년 전에 일어났던 사건은 엊그제처럼 생생하게 기억하는 반면에, 작년 오늘 내가 한 일은 먼 과거처럼 기억한다는 것이다. 즉 몇십 년 전의 과거 사건과 1년 전 사건 사이의 시간이 축소된다. 따라서 두 사건 사이의 시간이 실제보다 빨리 흘러간 것처럼 느껴진다는 말이다. 결국, 시간은 모든 사람에게 동일한 의미를 갖는 것은 아니라는 결론을 내릴 수밖에 없을 것이다.

수 있는 일, 예컨대 자기 계발 책을 사서 읽고 큰 도움을 받을 수도 있을 것이다. 이때의 유익함이 나의 만 원에 대한 기회비용이다.

　BC 3세기 초의 시인 포시디포스(Posidippos)는 카이로스 조각상이 나그네와 대화하는 형식으로 전개되는 다음과 같은 시를 지었다고 한다.

나그네　：그대는 누구이며, 어떤 조각가가 그대를 만들었는가?

카이로스：내 이름은 카이로스...모든 것을 정복하는 시간...
　　　　　리시포스가 날 만들었지.

나그네　：그대는 왜 까치발을 하고 있는가? 발목에 달린 날개는 또
　　　　　무엇인가?

카이로스：난 항상 날아다니니까, 바람처럼 날아다니고.

나그네　：앞머리가 긴 이유는 무엇인가?

카이로스：누가 나를 처음 만날 때 잘 잡아챌 수 있게 해주려고...

나그네　：그런데 왜 뒤통수는 대머리인가?

카이로스：그건 나를 한번 지나치면 뒤에서는 절대로 붙잡을 수 없
　　　　　게 하려고 그런 거지. 바로 당신 같은 사람들한테 교훈을
　　　　　주기 위한 것이라네.

역사상 시간에 관해 가장 탁월한 분석을 한 사람은 아우구스티누스이다. 그는 『고백록』 11권에서 시간 탐구에 대한 어려움을 이렇게 토로한다.

　　노대체 시간이란 무엇인가? 이런 질문을 받지 않았을 때, 나는 막연히 대답을 알고 있는 것 같았다. 그러나 이 질문에 대해 설명하려니 비로소 답을 모르고 있다는 사실을 깨달았다.

　　그도 그럴 것이 '과거'는 이미 지나갔기에 더 이상 없으며, '미래'는 아직 오지 않았기 때문에 없다. '현재' 또한 순식간에 과거로 사라지기 때문에, 현재라는 것도 '있다'고 말하기에는 어려움이 없지 않다. 이에 대한 해결책으로써 아우구스티누스는 '물리적 시간'이 아닌 의식의 내면에서 체험된 시간 이해를 제시한다.

　　이제야 비로소 똑똑히 밝혀진 것은 미래도 과거도 있는 것이 아니라는 점입니다. 따라서 과거, 현재, 미래라는 세 가지 시간이 있다고 말함은 옳지 못할 것이요. 차라리 과거 일의 현재, 현재 일의 현재, 미래 일의 현재, 이

렇게 세 가지 때가 있다하는 것이 그럴듯할 것입니다.

    과거란 이미 사라졌지만 마음속에서는 기억으로 존재하고 있으며, 현재 또한 포착할 수는 없지만 직관의 작용으로 존재할 수 있다. 가령 욕탕에 들어가 있는 동안은 '지금'이다!

    미래 역시 마음속에서 기대의 형태로 존재할 수 있는 길이 열린다. 아우구스티누스의 이런 분석은 서양철학사에 천재적인 공헌을 하였다는 평가를 받는다.

· ·

이것은 모든 것을 잡아먹는다.

새들, 짐승들, 나무들, 꽃들.

무쇠를 갉아먹고, 강철을 깨문다.

단단한 돌을 가루내버린다.

왕들을 죽이며 마을을 폐허로 만든다.

그리고 태산마저 무너뜨린다.

- J.R.R. 톨킨, 『호빗』에서 나온 수수께끼.

이것은? 시간.

· ·

영화 〈컨택트〉[60]는 사피어 - 워프 가설을 소재로 한 영화이다. 외계인 헵타포드가 등장하는데, 그들이 지구에 온 이유를 알아보기 위해 언어학자 루이스와 과학자 이안을 보낸다. 루이스가 지구에 온 목적을 묻자, 헵타포드는 자신들이 먼 미래에 지구의 도움이 필요해서 지구에 선물을 주러 왔다고 한다. 선물은 다름 아닌 루이스가 배운 그들의 언어 헵타포드어(語)이다. 그런데 이 언어는 시제(tense)가 없는 비선형(非線形) 언어이다. 이런 언어는 사고 체계의 변화를 가져와서 이 언어를 구사하는 사람은 더 이상 시간의 순서대로 삶을 인지하지 않는다.

시제가 없는 헵타포드어를 배우고 시간에 제한되어 있는 사고에서 벗어나자 미래를 볼 수 있게 되었다.

선물치고는 대단한 선물이 아닌가! 루이스가 미래를 볼 수 있는 능력이 적용되는 건 그의 딸에 대해서이다. 헵타포드어를 배우면서 루이스는 이안을 만나다가 딸을 낳는데, 그 딸은 13세에 병으로 죽는다. 새 언어를 배운 덕분에

---

60) 테드 창(Ted Chiang, 1967~)의 원작 소설 『당신 인생의 이야기』를 영화로 만든 것이다.

루이스는 이 모든 걸 알게 된다. 딸이 죽은 후의 슬픔까지도! 그럼에도 불구하고 그는 이안을 만나고 딸을 낳은 것이다. 다음은 루이스의 말이다.

Despite knowing the journey and where it leads,

I embrace it and welcome every moment of it.

여행이 우리를 어디로 이끄는지 알면서도,

나는 여행의 모든 순간을 포용한다.

과연 인간은 자신의 삶에서 가장 슬프고 어두운 사건까지 미리 수용할 수 있을는지 의문이다. 판도라의 상자에 남은 '희망' 덕분에 모르고 살아가는 것이 더 낫지 않을까?

티치아노, 〈사려 분별의 알레고리(Allegory of Prudence)〉
런던 내셔널 갤러리 소장품

화면의 사람 얼굴은 인생의 세 단계, 과거, 현재, 미래를 상징하고

동시에 기억, 지성, 예지를 나타낸다.

그림 아래의 세 동물은 늑대, 사자, 개로서

늑대는 과거를 기억하고, 사자는 현재 행동하고, 개는 미래에

희망을 갖는다는 시간의 세 가지 양태를 상징한다.

아무튼 시간 여행은 옛날부터 사람들의 마음을 사로잡았다. 시간여행물로서 미래는 별로 흥미를 끌지 못하고 대부분의 배경은 과거다. 시간을 돌려서 과거에 무언가 잘못된 것을 바로잡고 싶은 것이 인지상정이기 때문이다. 〈미래로 돌아가다(Back to the Future)〉(1985)라는 영화는 타임머신을 타고 30년 전으로 간 주인공이 자신이 태어날 수 있도록 부모를 이어주고 무사하게 미래로 돌아가기 위해 분투하는 이야기를 담고 있다.

『벤자민 버튼의 시간은 거꾸로 간다』(2009)의 주인공은 80세 늙은이로 태어난 벤자민이다. 세월이 지날수록 벤자민은 젊어진다. 터무니없는 이야기지만 기발한 발상 덕분에 166분이 전혀 지루하지 않게 지나간다.

언어와는 무관하게, 인간의 정신은 하나의 사건을 두 가지 양태, 즉 완료 시제와 미완료 시제로서 파악한다. 완료 시제는 절단(cut)으로서 아무리 긴 사건이라도 점(point)으로 취급한다. 이에 반해 미완료 시제는 연속을 함축한다. 회화에서 작가는 순간에 집착할 수도 있고 지속에 관심을 가질 수도 있다. 순간을 중시하는 대표적인 사례가 인상주의

(印象主義, impressionism)[61]로서, 자연을 하나의 색채 현상으로 보고, 빛과 함께 시시각각으로 변하는 자연을 묘사했다. 모네[62]는 "빛은 곧 색채"라는 인상주의 원칙에 따라 시시각각 빛의 변화에 따라 변화무쌍한 순간의 풍경을 잘 묘사한 화가이다. 주지하는 바와 같이 사실주의 화가들은 자연을 고정적인 것으로 묘사한다.

2. 공간인식

미국 샌디에이고 주립 대학 언어학과 최순자 교수는 "영어는 전치사로, 한국어는 동사로 공간 개념을 표현한다."는 흥미로운 관점을 제공했다.

ex) 장난감을 상자에 넣다.

책을 커버에 끼다.

한국어로는 '넣다' 와 '끼다'로 구별하는 데 반하여, 영어

_____

61) 19세기 후반에서 20세기 초 프랑스를 중심으로 일어난 미술의 한 분야.

62) Claude Monet(1840~1926) 파리 튈르리(Tuileries) 공원의 오랑주리 미술관에 있는 그의 작품 〈수련〉 주위에는 전 세계에서 온 여행자들이 명상에 잠겨 있어 마치 성당과 같은 분위기를 감돌게 한다.

에서는 둘 다 'put in'으로 동일한 행위로 간주한다. 즉 전치사 'in'은 물건끼리의 접촉 정도에 상관없이 그냥 들어가는 상황이면 어디에나 사용되는 반면에, 한국어의 '넣다'와 '끼다'는 두 물건의 접촉 정도에 따라 쓰임새가 달라진다. 이러한 사실은 언어가 세상을 구분하는 방식에 직접 영향을 미친다는 것을 단적으로 보여준다.

그런데 공간인식능력(spatial perception)은 시각, 청각 등 여러 감각기관의 협력으로 이루어지기 때문에 언어에만 관계되는 것은 아니다. 볼을 맞힌다든지 날아오는 공을 잡는 것, 지도를 보고 그 지형의 구조를 파악하는 능력 등은 모두 공간 인식 능력에 해당한다.

루소는 『에밀』에서 아이가 야산이나 들판에서 그것도 밤에 노는 것을 적극 추천하는데, 요즘 아이들에게 그런 기회가 드물다는 것을 생각하면 고민 좀 해야 할 일이다.

정리를 하자면, 사피어 - 워프의 강한 가설은 언어가 세계관을 결정한다고 주장한다.[63] 조지 오웰은 소설 『1984』

---

63) 만약 이 주장이 옳다면, 모국어는 경주마의 '눈가리개'와 같은 것이 될 것이다. '사고 가능한 것(the thinkable)'이 결국 '말할 수 있는 것'을 의미한다면, 이는 또한 언어의 규칙들과 일치함을 의미한다. 이것의 논리적 귀결은 엄청나다. 예컨대 한국 문학이나 한국 철학은 한국어가 제공하는 가능성의 틀을 벗어날 수 없다는 것이다. 비트겐슈타인식으로 말하자면,

에서 '언어가 사고를 지배한다'는 사상에 입각하여 신어 (Newspeak)를 통해 주민들의 사고를 통제하려는 시도를 다루고 있다. 예를 들자면, '사상범죄(Crimethink)'라는 단어는 삭제될 운명에 처해 있다. 이 단어가 지칭하는 범죄가 발생힐지도 모르는 가능성 자체를 국민들의 머리에서 지워버리려는 의도인 것이다.

일본 제국주의의 우리말 말살 정책도 같은 맥락에서 볼 수 있다. 하나의 언어가 없어진다는 것은 그 언어를 사용하던 민족이 수천 년간 쌓아온 문화와 전통이 사라진다는 것을 의미하기 때문이다.

그런데 인지언어학자들은 사람들이 **세계를 인식하는 방법**이 언어의 구조를 결정한다고 주장한다. 지금은 모두 무지개가 7가지 색깔이라고 알고 있다. 하지만 무지개 색깔은 나라마다 달랐다. 옛날 우리나라에서는 오색 무지개라고 했다. 멕시코 원주민 마야인은 검은 색, 하얀 색, 빨간 색, 노란 색, 파랑 색, 5가지 색깔. 아프리카 사람들은 두세 가지 색깔로 무지개가 이루어졌다고 했다. 각자 무지개를

한국어의 한계는 곧 대한민국의 한계가 된다는 말이다. 니체도 이렇게 말하였다. "한 언어의 문법적 구조는 어떤 종류의 철학적 체계와 문제들을 아주 원활하게 포착하고 해결하나, 어떤 다른 종류의 철학적 체계나 문제들을 그렇게 할 가능성을 배제한다."

다르게 인식한 것이다. 이 문제는 오랫동안 논란의 대상이 되어왔던 언어-사고의 문제인데, 언어와 사고는 쌍방향의 인과관계, 즉 상호 작용을 한다는 데에 대체로 의견의 일치를 보고 있다. 그래서 사피어 - 워프의 약한 가설로 언어, 특히 어휘와 사고 사이에 상관관계가 있다는 주장은 설득력이 있다.

우리말은 형용사가 매우 발달된 언어이다. '푸르다'를 강조한 '푸르르다', '산뜻하지 않게 푸르다'는 뜻의 '푸르퉁퉁하다', '곱지도 짙지도 않게 푸르다'는 뜻의 '푸르께하다', '조금 푸르다'는 뜻의 '푸르스름하다' 등의 어휘가 있다. 이런 어휘들은 정신세계의 깊은 경지를 표현하는 장치로써 외국인들이 무척 어려워하는 부분이다.

시간과 공간은 인간의 실존을 지배하는 '폭군'이다. 인간은 빈부귀천을 막론하고 시간의 함수인 생로병사에 매여 있으며, 공간적 제약을 받지 않을 수 없다. 혹자는 시간은 인간의 무능을 상징하고, 공간은 인간의 능력을 상징한다고 했다. 공간적 제약은 어느 정도 벗어날 수도 있기 때문이다.

20세기 초 레비 브릴(Levy-Bruhl)은 원시민족의 언어에는 추상적이고 총칭적인 어휘가 없어서 일반화하는 데 부적합하다고 주장하였다가 나중에 자신의 의견을 번복하였다. 실상 야만어(barbarian language)란 19세기 서구의 식민 사관이 빚어낸 그릇된 용어다.

지구상에 남은 최대의 수수께끼는 외계인의 존재 여부라고 한다. 만약 외계인이 존재한다면 그들과 의사소통의 문제도 언어학자들의 관심사다. 혹자는 바흐의 브란덴부르크 협주곡을 제안한다. 또 미국에서는 피타고라스 정리를 나타내는 거대한 밀밭을 조성해서 외계인들이 지구인도 지적인 존재라는 사실을 알리고자 한다.

미국의 과학철학자 토마스 쿤(T.Kuhn)이 과학혁명을 통한 패러다임의 교체가 세계관의 전환을 초래한다고 주장하였는데, 이는 워프(Whorf)가 언어에 따라 세계관이 다르다고 주장한 데서 영향을 받은 것으로 보는 학자도 있다. 언어의 변화는 우리들의 사고 체계를 변화시켜 준다는 점에서 사피어 - 워프 가설은 상당히 설득력이 있어 보인다.

마무리를 하자면, 시간과 공간은 연속체(continum)인데, 개별 언어는 상이한 방식으로 그것을 분할하여 코드화(encoding)한다는 사실을 인식하는 것이 중요하다. 세계의 그토록 다양한 언어들은 인간을 연구하기 위해 더할 나위 없이 소중한 자료이다.

우리에게 '인간'이란 여전히 미지(未知)의 존재이다. 언어의 연구는 '인간은 무엇인가?'를 연구하는 인간학이다. 개별언어는 각각 나름대로 인간과 세계를 발견하는 수단이다.

VI

말의 의미

부모들이 하는 말의 진짜 의미

혼란을 없애기 위해 적는다면,

늘었구나... 이제 좀 쉬거라
조심해야지... 애야, 넌 엄마 아빠에게 소중한 존재란다.
참 잘했네... 우린 네가 무척 자랑스럽다.
네 방 좀 치워... 생활에 질서가 있어야 해.
키가 쑥쑥 크는구나... 집을 떠날 때가 가까워지고 있구나.
계획한 일은 끝내야해... 너의 타고난 재능을 최대한 발휘하거라.
대학은 중요해... 인생을 준비하는 것은 중요하단다.

하지만 전혀 혼동되지 않는말도 있다.

엄마 아빠는 너를 사랑한단다... 엄마 아빠는 너를 사랑한단다.

1. 단어의 의미

원래 언어기호는 무정형(無定形)의 의미 덩어리와 소리, 즉 음성 재료를 자의적으로 분절(articulation) 내지 분할(segmentation)해서 이루어진다.

하나의 낱말은 음성과 의미로 구성된다. 낱말은 음성, 즉 소리를 통해 표현이 되어 그 낱말이 가진 의미, 즉 내용을 전달하게 된다. 소리가 없으면 낱말의 뜻은 전달이 되지 않는다.

음성(소리)을 기표(記標, signifier), 의미(내용)를 기의(記意, signified)라고 한다. 그래서 언어기호는 다음과 같이 정의된다.

기호(sign) = **기표**(signifier) + **기의**(signified)

기표와 기의는 동전의 양면과 같아서 분리할 수 없지만, 그 관계는 자의적(恣意的)이다. 필연적이 아니라는 말이다. 그래서 문제가 발생하는 데, 음성적인 부분은 한 번 듣는 것만으로도 습득이 가능한 반면 의미적인 부분은 그렇지 않다는 것이다. 왜냐하면 기의, 즉 의미는 기호에 나타나지 않고 사전이나 그 언어를 사용하는 공동체 구성원들의 머릿속에 들어있기 때문이다.

어린아이가 말을 처음 배울 때 기표는 금방 익히지만 기의는 막연하게 파악한다. 우리가 흔히 듣고 말하는 '두루치기', '숙맥 같은', '섣달그믐', '식민주의', '살가운' 등의 뜻을 주변 사람들에게 한번 물어보라. 대개 모호한 대답을 듣게 될 것이다. 심지어 '열무김치'를 고유명사 정도로 생각하는 사람들도 적지 않다. 기의보다 기표를 먼저 배우기 때문에 아이들뿐만 아니라 어른들도 종종 앵무새처럼 말한다. 사람들이 뜻도 모르면서 낱말을 사용한다면 앵무새와 다를 바가 없지 않겠는가.

이 글을 쓰는 사람 역시 '창피(猖披)', '미음(米飮)'이 순수한 우리말인 줄로 알았는데 알고 보니 한자어라는 사실을 불과 몇 년 전에야 알았다. 또한 얼마 전까지만 해도 장아찌라면 무장아찌, 오이장아찌만 있는 줄 알았는데, 곰치장아찌 등 다른 채소류 장아찌도 얼마든지 있다는 사실을 나중에서야 알게 되었다.

　루이스 캐럴의 『이상한 나라의 앨리스』는 온통 기표-기의 관계의 자의성(恣意性)을 기상천외(奇想天外)하게 적용한 사례들로 넘쳐난다.[64]

---

64) 다음은 험프티 덤프티가 기호의 자의성을 알리 없는 순진한 앨리스를 일방적으로 놀려먹는 대목이다.

　　앨리스: "'영광'이 무슨 뜻인지 모르겠어요."
　　험프티: "당연히 모르겠지. 내가 말해 주기 전까진 말이야. '너를 논쟁에서 한 방에 보내버렸다'는 뜻이야."
　　앨리스: "'영광'이 '너를 논쟁에서 한 방에 보내버렸다.'라는 뜻은 아니잖아요."
　　험프티: "내가 어떤 단어를 사용할 때는 내가 선택한 의미를 갖는 거야. 더도 덜도 말고. 문제는 누가 더 힘이 세냐는 거지!"
　　앨리스: "문제는, 당신이 단어의 의미를 마음대로 할 수 있느냐는 거예요."
　　험프티: "문제는, 누가 단어의 주인이 되느냐지. 끝!"

험프티는 낱말의 의미는 그 낱말을 사용하는 화자의 머릿속에 있는 것이지 낱말 그 자체에 있는 것이 아니라고 주장한다.

　　붉은 여왕: "너에게 언덕들을 보여주마. 그것들을 보고나면 넌 저걸 그냥 골짜기라고 부르게 될 거야."
　　앨리스: "아니오, 그럴 리가 없어요. 언덕은 골짜기가 될 수 없는 거잖아요. 그건 말도 안 되는 소리...."
　　붉은 여왕: "원한다면 그걸 '말도 안 되는 소리'라고 부르렴. 하지만 나는 말도 안되는 소리를 숱하게 들어봤는데, 그것들과 비교하면 이건 사전만큼이나 분별있는 소리야."

기표와 기의 관계에서 발생하는 이와 같은 문제점들을 해결하기 위해서는 어떻게 해야 할까? 그 해답은 사전을 통독하는 데서 찾을 수 있다. 여기에서 말하는 '통독'은 처음부터 끝까지 읽는 것이 아니라 자신이 안다고 생각하는 단어를 찾아 선별적으로 읽는 것을 말한다. 한 번 시작하면 중단할 수 없는 것이, 뜻을 잘못 알고 있는 경우를 심심치 않게 만나게 되기 때문이다.

엄밀히 말해서, 어렸을 때 습득한 낱말은 모두 다시 배워야 한다. 정확하게 구사할 수 있는 어휘의 양이 인간 지성의 필수적인 구성 요소라는 점을 상기하면 사전 통독의 중요성을 충분히 인식할 수 있을 것이다. 필자의 한 프랑스 친구는 30여 권이나 되는 백과사전 한 질을 통독 중에 있다. 비트겐슈타인의 말대로 나의 언어의 한계는 곧 나의 세계의 한계라는 사실을 충분히 인식했기 때문이다.

단어란 언어 공동체가 공유하는 기억을 표시하는 기호이다. 예컨대, '눈'과 같은 낱말은 우리 모두가 공유하는 추

이런 정도는 애교로 보아줄 수 있는 것이, 기호의 자의성은 때로는 멸문지화(滅門之禍)에까지 이르렀다. 중국 역사에서 볼 수 있는 문자의 옥(文字獄, Literary Inquisition, 1660~1799)이 바로 그것이다. 서책이나 시구 등에서 문구나 어휘를 오로지 나쁜 관점에서만 왜곡되게 해석하여 무자비하게 형벌을 가하거나 잡아죽였다.

억을 가지고 있다. '아궁이'는 어떠한가? 초가집이든 기와집이든 예전에 전통 가옥에 살아본 경험을 가진 사람과 어릴 때부터 아파트에서 자라 아궁이를 본 적이 없는 사람은 이 단어에 대한 심상(mental image)이 전혀 다를 것이다.

평범한 하나의 낱말일지라도 이 말의 의미는 사람들의 지역적 성향, 인생 경험, 교육 수준, 선입견 등에 의해 달라지게 되어 있다. 황차 자유, 민주주의, 정의, 등 추상명사에 이르면…

언젠가 유네스코에서 '민주주의'에 대한 정의를 전 세계적으로 수집한 일이 있었는데 무려 40여 가지가 나와 발표를 하지 않았다고 한다. 이렇듯 어떤 어휘의 가치는 원래부터 주어진 것이 아니며 자신이 속해 있는 공동체가 공유하는 가치관에 의해 달라진다.

이제 보다 구체적인 언어사용의 현장에서 살펴보기로 하자. 하나의 낱말은 단 하나의 의미만 지닌 경우도 있지만, 적지 않은 낱말들은 다의적이다. 이 말은 전후 맥락에 의해 그 의미가 결정된다는 말이다. 일례로 '뜨다'라는 동사의 용법을 살펴보면,

1. 도배지가 **뜨지** 않게 풀칠을 잘해!

2. 그가 고향을 **뜨다니!**

3. 종이배가 물에 **뜨다.**

4. 눈을 **뜨다.**

5. 별이 **뜨다.**

6. 수륙양용 버스 **뜨다.**

7. 각을 **뜨다.**

8. 잔디를 **뜨다.**

9. 쉐터를 **뜨다.**

10. 뜸을 **뜨다.**

　어떤 의미에서 단어는 그 자체만으로는 아무런 뜻을 갖지 않으며, 사람들이 다양한 용도로 이용할 수 있는 도구이다. 만약 '뜨다'라는 동사가 고정불변한 의미 하나만 가지고 있다면 이것은 기호가 아니라 신호가 된다. 1920년대에 러시아 철학자 바흐친(Bakhtin)은 이미 하나의 기호에 의미를 부여하는 것은 발화의 맥락이라고 분명히 지적하였다. 평범한 하나의 어휘라도 어떻게 발음하느냐에 따라 뉘앙스가 천차만별이라고 하면서, 말은 계급투쟁의 결투장이라고 한다.

"뜨다"의 예는 나중에 보게 될 비트겐슈타인의 후기 철학의 핵심 주장 "의미는 곧 사용"에 대한 훌륭한 사례가 될 것이다. 모두는 아니더라도 많은 경우, 어떤 단어의 의미는 해당 언어에서 그 단어의 쓰임이다. 다시 말해서 하나의 단어가 여러 상황에서 어떻게 쓰이는지 경험을 통해 배우는 방법으로 그 단어의 의미를 파악할 수 있다. 비록 이 단어를 엄밀하게 정의하지는 못하지만 정확하게 사용하는 경우는 많다. 망치는 못을 박는 데에도 사용되지만 못을 뽑을 때에도 사용된다. 단어의 의미를 이해한다는 것은 단어의 사용법을 아는 것이다.

　거의 모든 어휘는 애매성(vagueness)을 피할 수 없다. 어느 경우에, 무슨 기준으로 '부유한(rich)'이라는 형용사를 쓸 수 있는가? 또 무엇을 '성공'이라고 보아야 하나? 사람마다 제각각 자신의 견해가 있을 것이다.

　예전에는 이런 모호함을 언어의 결함으로 취급했지만 지금은 언어 능력의 필요 불가결한 특성이라고 보고 있다. 바로 이런 특성이 상상의 나래를 펼치게 해 주고 갖가지 연상을 불러일으키기 때문이다. 특히 은유는 이 특성을 풍요롭게 활용한다.

　어느 학문 분야이든지 그 분야에는 핵심적인 개념들이

있다. 개념(concept)이란 그 용법이 확정된 용어를 말한다. 자연과학(hard science)은 일상언어의 어휘를 차용해서 개념으로 발전시킨다. 학생들이 어려움을 느끼는 지점이 바로 여기다. 가령 양자역학(quantum mechanics)에 나오는 '중첩(superposition)'이나 '얽힘(entanglement)'에 대해 학생들은 일상적 의미, 즉 전(前) 과학적 의미를 이미 알고 있는데, 이는 양자역학에서 의미하는 바와는 전혀 상관이 없는 것이다.

언어는 여러 제도(institution)[65]들 중에서도 가장 공고한 보수 세력 가운데 하나이다. 이 문법규칙이라는 보수성이 없다면 언어는 그 본연의 임무, 즉 의사소통의 임무를 다할 수 없다.

그럼에도 불구하고 언어는 한 세대에서 그 다음 세대로 전달되기 때문에 음성의 변화나 의미상의 변화는 불가피하게 발생한다. 어린아이는 모국어를 수동적으로 배우는 것이 아니라 능동적으로 배우기 때문이다. 프랑스 어린아이의 일화를 소개한다. 어쩌다 엄마가 '고집스런(obstiné)'이란 아이가 모르는 단어를 썼는데, 이 아이는 그 의미를 묻자 엄마는 이렇게 대답한다.

---

65) 학교, 경찰, 군대, 법원과 더불어 언어도 '제도'에 속한다.

만일 네가 손가락을 입에 넣고 빨 때, 엄마가 그렇게 하지 말라고 해도 계속 빨면 고집센(obstiné)이라고 한단다.

그러자 아이는 단호하게 "그게 왜 obstiné냐? obstibouche 지!"라고 반박한다. '…né'의 발음이 nez(코)와 같기 때문에 아이는 금방 obstiné는 콧구멍을 쑤시는 행위로 추론을 한 것이다. 그래서 손가락을 고집스럽게 빠는 것은 입(bouche) 에 넣고 빠는 것이니까. 당연히 obstibouche가 되는 것이다. 아이 나름으로는 충분히 근거 있는 추론인 것이다!

....

어떤 한 낱말이 어떻게 기능하느냐는 추측될 수 있는 것이 아니다. 우리는 그 낱말의 사용(use)을 주시하고, 그로부터 배워야 한다.

- 비트겐슈타인, 「철학탐구」-

....

아무튼 언어는 계속적인 변화과정 속에 있다. 무엇보다 도 기술의 발달과 사회의 진화로 인하여 새로운 단어들이 끊임없이 만들어져 기존 어휘에 유입된다.

2. 문장의 의미

문장은 생각이나 감정을 표현할 때 완결된 내용을 나타내는 최소 단위이다. 문장의 의미는 문단에 의해 결정된다. 즉 주어신 문장의 앞과 뒤에 어떤 문장이 오느냐에 따라 달라진다. 이것이 다가 아니다. 문단은 전체 스토리 안에서 결정되고, 스토리는 해당 언어의 구조에 의해 결정된다. 다른 말로 하자면, 한국 문학이나 한국 철학은 한국어가 제공할 수 있는 틀을 벗어날 수 없다는 것이다. 어떤 언어들은 현대물리학의 개념들을 기술할 수 없다는 사실을 상기하면 사정을 이해할 수 있을 것이다. 결국 문장 그 자체의 의미는 불확정적이라고 말하지 않을 수 없다. 한 문장의 의미는 확정적이 아니고 항시 잠정적인 의미만을 지닐 뿐이다. 종국적이라고 주장될 수 있는 유일한 해석은 없다! 이 말이 의미하는 바는 중차대하다. (의미론의 치명적 문제가 여기에 있으며, 역사적으로 억울한 필화사건의 진실이 여기에 있다!)

우리의 논의를 일반화하자면, 어떤 사물의 의미는 개별자(즉 사물 자체의 속성)로서가 아니라 전체 체계 안에서 다른 사물들과의 유기적인 관계에 따라 규정된다는 것이다. 이것이 구조주의의 핵심이다. 구조주의는 학문의 방법론이지 어떤 시기의 유행 사조가 아니다. 우리에게 '탈구조주의'는 잠꼬대에 불과한 것이다.

2-1 비트겐슈타인의 그림 이론(Picture Theory)

참과 거짓을 구별할 수 있는 문장을 명제(proposition)라고 한다. 감탄문이나 의문문은 명제가 아니다. 명제에는 유의미한 명제와 무의미한 명제 두 종류가 있다. 경험적으로 그 진위(참이나 거짓)가 검증되는 유의미한 경험적 명제와 경험적으로 검증할 수단이 없는 형이상학의 명제가 그것이다. 가령, "절대자는 시간과 공간을 초월해 있다."와 같은 주장은 경험적으로 검증할 어떤 수단도 없기 때문에 사이비 명제(pseudo-proposition) 내지 무의미한(meaningless) 명제로써, 논리실증주의자들은 이런 명제는 철학적 논의의 대상에서 제외해야 한다고 주장한다. 이들은 비트겐슈타인을 따라서 과학의 명제를 논리적으로 분석하는 작업을 철학의 과제로 삼았다. 그의 「논리철학 논고」[66]는 비엔나학파

---

[66] 이 책에서 그는 이렇게 말한다: "이 책은 철학의 문제를 다루고 있으며, 내가 믿기에는, 그 문제들이 우리가 언어의 논리를 오해하는 데에서 생긴다는 점을 보이고 있다. 이 책의 전체적인 의미는 다음과 같은 말로 요약될 수 있다. 말해질 수 있는 것은 명료하게 말해질 수 있고, 말할 수 없는 것에 대해서는 침묵해야 한다." 그가 보기에 전통 철학은 말할 수 없는 것을 말하려고 함으로써 불필요한 문제를 일으켰다.

의 논리실증주의에 지대한 영향을 끼쳤다. 그는 철학적 논란들이 언어를 잘못 사용하여 발생한다고 보아서, 철학의 과제는 언어를 분석하고 명료화하는 데에 있다고 보았다.

그는 이 책에서 언어가 세계에 대한 그림이라는 '그림이론'을 세운다. 그에게 영감을 준 것은, 교통사고를 다루는 재판에서 장난감 자동차와 인형 등을 이용해 사건을 설명했다는 신문기사였다. 그런 모형을 가지고 사건을 설명할 수 있는 근거는 무엇일까? 그것은 모형이 실제의 사람과 자동차에 대응하기 때문이다. 그는 언어도 이와 같다고 생각했다. 언어가 의미를 갖는 것은 언어가 세계와 대응하기 때문이다.

비트겐슈타인의 그림 이론은 경험명제에 한해서 언어와 세계가 동형사상(isomorphism)[67]을 이룬다고 주장한

---

[67] 여기에서 iso는 그리스어로 '같은(equal)'이라는 의미이고, morphisme은 '모양, 형태(form, shape)'라는 뜻이다. 여기에서 '동형사상'이란, 이름은 사물에 대응하고, 이름들의 결합인 원자명제로 사물의 결합인 사태에 대응한다는 것을 의미한다.
수학에서 동형사상은 다음과 같다.
두 집합 S와 S'을 가정하라.
$$S = \{a, b, c, \cdots\}$$
$$S' = \{a, b, c, \cdots\}$$
이 두 집합은 아래 두 조건을 만족시킬 때, 동형사상이라고 한다.
첫째, S의 원소와 S'의 원소가 1:1 대응.

다.[68] 그림이 어떤 사실을 묘사하듯이 명제를 통해 우리는 어떤 사실을 그린다. 덕분에 우리는 사건 현장을 직접 보지 않고도 언어 표현만 가지고 상황을 이해할 수 있는 것이다.

세계라는 그림의 기본단위는 개별적 사물들, 즉 대상이고 이는 언어체계의 단어에 해당한다. 그런데 대상들은 고립해서 존재하지 않고 주위의 다른 대상들과 관계를 맺고 있다. 대상들의 이런 관계를 비트겐슈타인은 사태(a state of affairs)라고 부른다. 이러한 사태는 언어로 보자면 가장 단순한 명제, 즉 원자명제에 해당한다. 그런데 현실은 하나의 사태로 이루어진 것이 아니라 무수한 사태들로 이루어져 있다. 사태들의 결합으로 이루어진 복합적인 상황을 비트겐슈타인은 사실(fact)이라 부르고, 분자명제가 이에 해당한다.

둘째, S의 원소 a와 b의 관계가 S'의 원소 a'와 b'의 관계에 대응.
(68) 일반의미론의 제창자 코지프스키(Alfred Korzybski, 1879~1950)는 언어와 세계의 관계를 지도와 실제 지형으로 보아, "지도는 영토가 아니다."라는 유명한 말을 남겼다. 그래서 언어는 사실을 표현하기에 부적절하다는 결론을 내린다.

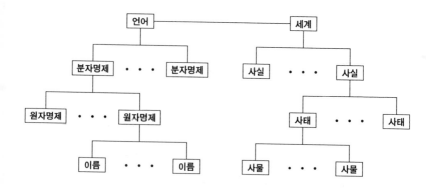

    참과 거짓을 구별할 수 있는 최소 단위는 원자명제이며 여기에 대응하는 것은 사태이다. 이렇게 되면, 의미란 다름 아닌 문장의 진리 조건(Truth Condition)이 된다. 무슨 말이냐 하면, "고래는 포유류이다."는 고래가 포유류일 경우 오직 그 경우에만 참이 된다는 말이다.[69]

    사실들에 상응하는 분자 명제는 어떻게 규명될 수 있을까.

p : **바람이 분다.**

q : **눈이 온다.**

p and q : **바람이 불고 눈이 온다.**

---

69) 이를 진리대응설(Correspondence theory of truth)이라고 한다. 그 밖에 정합설(Coherence theory)과 실용설(pragmatic theory)이 있다.

분자 명제 'p and q'는 p가 참이고 동시에 q가 참일 때 참이 된다. 이처럼 원자 명제의 진리값에 따라 분자 명제의 진리값이 결정되는 관계를 진리함수 관계라고 한다.[70]

하지만 다양한 언어 현상(미학의 명제/윤리학의 명제/형이상학의 명제)을 볼 때, 의미를 진리 조건과 동일시하는 관점은 많은 난점을 제기한다. 이것이 나중에 "의미는 사용"이라는 코페르니쿠스적 전환(copernican change)[71]이 이루어진다.

그림 이론이 중요한 이유는 컴퓨터의 데이터베이스가 이 세계를 모델링하는 토대가 되기 때문이다. 퀴즈 쇼에 나온 인공지능 '왓슨'이 인간 챔피언을 이길 수 있었던 이유는, 왓슨이 이용하는 데이터베이스가 이 세상을 반영하는 그물망(웹)이었기 때문이다.

2-2 말치레

불어로 'Langue de bois'라는 표현이 있는데 직역하면 '나

---

70) 아무리 복잡한 분자 명제라 할지라도 원자 명제들의 진리값만 알면 분자 명제의 진리값은 기계적으로 결정된다. 이런 진리함수를 취급하는 분야가 바로 기호논리학이다.

71) 주지하는 바와 같이 코페르니쿠스는 천동설이 아니라 지동설이 옳다는 사고방식이나 견해가 종래와는 획기적으로 다른 것을 일컫는 말이다. 패러다임의 전환이라고 한다.

무 언어'가 되겠지만 우리는 이를 '말치레'로 번역한다. 말치레란 '멍멍이 소리', 즉 상투적이고 판에 박힌 '죽어 버린' 문장을 말한다. 상투적인 문구는 독자적 표현을 생산하는 수고를 피하고 임시변통으로 때우는 말이다.

다시 말하자면 구소련 지도자들이 대중을 호도하고 여론을 조작하기 위해 현실과는 동떨어진 판에 박힌 이데올로기 언어를 의미한다. 보다 일반적으로 정치가나 기술 관료 등 책임 있는 지위에 있는 전문가라는 사람들이 앵무새처럼 따라하는 모든 상투어를 의미하기도 한다. 이런 '정치적 언어'는 주로 완곡어법과 논점 회피, 그리고 아리송한 표현으로 이루어진다. 이를테면, 폭격을 당한 마을의 수많은 주민들이 몸으로 운반할 수 있는 것들만 가지고 길을 떠나도록 내몰리는 것을 '인구이동'으로 호도한다. 조지 오웰의 소설 『1984』에 신(新)언어(novlangue)도 이런 빈말 내지 헛말의 일종이다. good의 반대말은 bad가 아니라 un-good이며 splendid나 wonderful 같은 어휘들은 불필요하다는 이유로 제거된 뒤 plus-good, double-plus-good으로 대치된다. 극도로 단순화시킨 이 언어는 '다르게' 사유할 수 없도록 인간의 자유를 제한하기 위해 만들어진 인공어이다.

동서양을 막론하고 '정치적인 언어'는 주로 완곡어법과

논점회피 그리고 아리송한 표현으로 이루어진다. 그래서 '빈말'이나 '헛말'과 거의 동의어가 된다.

2-3 난센스(Non-sense)

아래 도표는 유의미한 문장을 1로 무의미한 문장을 0으로, 문법적인 문장을 1로 비문법적 문장은 0으로 나타내고 가능한 경우의 수를 나타낸 것이다.

	1	0
1	I	II
0	III (Non-sense)	IV

Ⅰ. 유의미하고 문법적인 문장의 집합

책에 나오는 대부분의 문장들이다.

Ⅱ. 구어/신문 제목/전보문

대화체에서는 두 화자가 직접 대면하고 있으므로 많은 부분이 생략될 수 있다. 눈빛, 안색, 제스처 등이 이를 보충한다.

III. 문법적으로는 정문(正文)이지만 의미와 논리면에서
    하자가 있는 문장들

    ① Colourless green ideas sleep furiously

    ② 맛있는 시체(cadavre exquis)

    ③ 그 총각은 임신 중이다.

    ④ 철수는 바위를 놀라게 했다.

    ⑤ 정직이 골프를 친다.

    ⑥ 민주주의는 축구를 선호한다.

    ⑦ 나는 거기에 없는 어떤 사람을 만났다.

    ⑧ 그 동굴은 아무도 들어갈 수 없는 동굴인데,
       일단 들어가면 아무도 빠져나올 수 없었다.

    문법성 판정은 아주 미묘한 문제를 야기한다. 어제까지
만 해도 비문법적으로 보이던 문장이 오늘은 문법적으로
보이는 사태가 심심치 않게 발생하기 때문이다. 다음 두
문장이 정문과 비문이 되는 이유를 다시 한번 생각해 보기
바란다.

    그는 열렬히, 그러나 저급하게 사랑한다.(정문)

    그는 깊이, 그러나 저급하게 사랑한다.(비문)

깊이 사랑하면서 저급하게 사랑할 수는 없다! 그러나 저급하지만 열렬하게 사랑할 수는 있다.

....

무전부조법(無錢扶助法)

부조라하면 으레 금전이나 무슨 물품으로 남을 도와주어야 할 것이다. 그러나 저 먹을 것도 없는 가난한 놈이 일일이 금전 기타 물품으로 부조는 할 수 없고 그냥 있자니 또한 체면에 관계가 된다. 그러니까 누가 환갑, 혼인 같은 연회에 청하거든 반드시 봉투 속에다 '1. 가리 한 짝. 2. 꿀떡 일기(一器)'라 쓴 단자를 넣어 주인을 주라. 그러면 그 주인은 그 물품이 안으로 벌써 들어간 줄 알고 고맙다고 치하를 할 것이다. 그러나 실상 알고 보면 그 가리라는 것은 소 가리나 도야지 가리가 아니라 음식을 거저 먹을 자기의 아가리란 말이오, 또 꿀떡은 음식을 먹을 때에 목 속에서 나오는 꿀떡 소리가 난다는 말이다.

『별건곤』(1930년 6월호)

....

정리를 위해 통사론과 의미론의 상호 관계를 알아보자. 다음과 같은 어휘 {진달래꽃, 다람쥐, 먹다}가 주어졌다고 가정하고, 문장의 형성 과정을 알아보자.

진달래꽃이 다람쥐를 먹다.

진달래꽃은 식충식물(食蟲植物)이 아니기 때문에 이 문장
은 주어와 목적어의 위치가 틀렸다.

다람쥐가 진달래꽃을 먹다.

그러나 '먹다'는 원형동사(infinitive)로써 시제가 결여되어
이 문장 역시 적형식(wff, well formed formula)이 아니다. 시제
를 추가하면 아래와 같다.

다람쥐가 진달래꽃을 먹는다.
다람쥐가 진달래꽃을 먹었다.
다람쥐가 진달래꽃을 먹을 것이다.

이 세 문장은 통사론적으로 올바른 문장이다. 그런데 다
람쥐가 정말 진달래꽃을 먹는가? 다람쥐의 양식은 도토리
이므로 이 문장은 의미론적으로 참인 문장이 아니다. 그러
나 이런 문장도 시(詩)에서는 문제가 되지 않는다. 이것이
다음 장(章)에서 보게 될 화용론적 차원이다.

VII

화용론적 함의(implicature) :
'보이지 않는 의미'

1. 비트겐슈타인(1889~1959) 후기 철학

비트겐슈타인의 후기 사상과 대비되게 다시 한번 그의 전기 사상을 간략하게 요약해보자. 앞에서 본 그림 이론의 요체는 논리적 언어가 세계를 정확하게 묘사할 수 있다는 것이다. 자연언어는 다의성과 모호성으로 인하여 그 외형만 가지고는 참된 의미를 알아낼 수 없다. 따라서 언어 현상을 올바르게 이해하기 위해서는 언어의 숨겨진 논리적 구조를 드러내는 인위적 언어가 필요하다. 프레게, 러셀, 비트겐슈타인 등은 진리함수적논리(Truth-functional logic)[72]야말로 언어의 심층구조를 보여줄 수 있다고 생각했다.

---

72) 복합명제의 진리값은 요소명제의 진리값에 의해 결정 된다는 것. 연언 (and), 선언(or), 조건언(if..., then...)은 요소명제들을 결합시켜 복합명제를 만드는 연결사이다.

하지만 『철학적 탐구』에 이르러서는 생각이 180도 바뀐다. 아이러니하게도 그 계기는 그림 이론에서 그토록 비판한 일상언어에서 나왔다. 새로운 관점에서 일상언어를 본 비트겐슈타인은 언어가 획일적인 법칙을 가지는 것이 아니라 다양한 방식으로 사용된다는 사실을 깨달은 것이다.[73] 가령 누가 "나 배고파!"라는 말을 했다고 하자. 그림 이론에 의하면 이 말은 '나의 배고픔'이란 상태를 그렸다고 설명할 것이다. 하지만 후기의 언어 게임 관점에서는 '빨리 먹을 것을 줘!'라는 요청일 뿐, 나의 배고픈 상태를 묘사하는 것이 아니다. 그런데 이것은 '보이지 않는 의미'로써 추론이 요구된다. 중요한 것은 말이 어떤 목적을 가지고 사용됐느냐 하는 것인데, 바로 이 점을 그림 이론이 간과한 것이다. 그림 이론은 언어를 이용해 사물을 기술할 때에는 부분적으로 올바른 이론이다. 그러나 자신을 표현하고, 권유하고, 질문하고, 기도하는 등 그 밖의 다양한 언어게임(language game, Sprachspiel)을 놓쳤다. 농사꾼이나 상인, 엔지

---

73) 일화에 의하면, 한 이탈리아 경제학자가 턱을 쓰다듬으면서 이 동작이 무엇을 의미하는지 물었는데 비트겐슈타인은 대답을 못했다고 한다. 이탈리아에서 이 동작은 경멸을 뜻하는 데 오스트리아인이 알 턱이 없었던 거다. 결국 언어란 상황과 맥락을 떠나서는 정확한 의미를 알 수 없다는 중요한 교훈을 얻게 된다.

니어나 의사 그리고 법률가 등은 각각 특유의 언어게임에 의해 특정한 생활양식을 낳는다. 문화의 다양성은 언어게임의 다양성에서 유래한다. 그래서 언어적 표현의 의미는 그것이 쓰여지는 구체적인 '삶의 양식(Lebensform)'에 달려 있는 것이다.

인종, 종교, 성별, 연령, 교육 수준, 도시와 농촌 등 삶의 형태는 엄청나게 다양하다. 심지어 한 지붕 아래에 함께 산다 하더라도 삶의 형태는 같을 수가 없다. 언어는 이런 언어 외적인 맥락과 불가분리의 관계에 있다. 숲은 시인, 식물학자, 목재상에게 각각 다른 의미를 지닌다. 그래서 설령 사자가 말을 한다 할지라도 우리는 그 말을 이해할 수 없는 것이다.

이렇게 1930년대에 들어서면서 일상언어의 다양한 기능에 대한 인식이 고조되자, 정작 환원적 분석을 정초했던 비트겐슈타인은 종전의 입장을 번복하게 된 것이다. 이제 어떤 완벽한 인공언어도 일상언어의 기능을 대신할 수 없다는 사실이 분명해졌다. 라일, 오스틴 등도 이러한 견해에 동조하는 데, 언어의 의미는 그것이 쓰여지는 구체적인 삶의 양식(form of life)을 떠나서는 논의할 수 없다는 것이다. 내가 "망치!"라고 하면, 상황에 따라서, '망치가 저기에 있다', '망치를 건네줘!', '망치를 치워!' 등 다양한 의미를 생성한다. 이렇게 해서, "말의 의미는 그 사용이다."라는 새로운 의미론이 등장한다. 동일한 문장이라도 의미는 무수히 다양한 상황 속에서 그만큼 다양해진다. 플라톤의 유일무이한 이데아(Idea)는 이런 실천적 관점에서는 설 자리가 없다.

2. 발화 행위 이론(speech act theory)

말을 행위의 측면에서 보고 이의 체계화를 시도하는 이론을 발화 행위 이론 또는 줄여서 화행론이라고도 한다. 옥스퍼드대학 오스틴(Austin)교수가 1955년에 하버드 대학에서 한 8차례의 강연을 묶어서 『How to do things with words』(1962)라는 책으로 출간하였다. 이 책은 언어행위 이론의 선구적 역할을 한 연구프로그램으로써 널리 인정받았다.

전통적으로 언어는 현실을 묘사하는 역할을 한다고 사람들은 믿어왔다. 하나의 명제가 사태에 대응하면 참이 되고, 그렇지 않으면 거짓이 된다. 오스틴은 이런 관점을 '기술의 환상'이라고 비판하면서, 현실을 묘사하는 진술문과 어떤 행위를 수행하는 수행문을 구분한다.

이제 진위(眞僞)를 묻는 진술문 이외에 일상언어의 용법으로써 주목해야 할 것은 감사/축복/명령 등 언어 말고 다른 방법으로는 할 수 없는 일정한 수행(遂行)이다. 수행문은 어떤 사태를 기술하는 것이 아니라 어떤 행위의 실현이라는 점에서 실로 파격적이다. 아래의 문장들은 수행문의 대표적인 사례이다.

1. 개회를 선포합니다.
2. (나에게 부여된 권한에 의거)

    그대들을 남편과 아내로 선언합니다.
3. 성부와 성자와 성령의 이름으로 세례하노라
4. 나는 진실을, 모든 진실을 오직 진실만을 말할 것을

    맹세합니다!
5. 꼭 그러라고 약속할게!
6. 이 배를 엘리자베스호로 명명합니다.
7. 나는 아무개에게 이 집을 상속한다.
8. 저 말이 이기는데 만 원 걸지!
9. 피고를 10년의 징역형에 처한다.

말과 행동 사이에는 깊은 강이 흐르고 있다. 그토록 언행일치는 지난한 일이다. 그러나 위 문장들의 공통점은 발화하는 순간 어떤 '법적 구속력'을 갖게 된다는 점이다. 화자가 상황을 만들고, 발화가 세상을 바꾼다. 세례를 받는 순간 아기는 기독교도가 된다. 그러니까 발화가 세상을 바꾸고 화자는 새로운 상황을 만드는 것이다. 그래서 수행문은 진리 조건에 관계하지 않고 만족조건, 즉 성공이나 실패냐가 관건이 된다. 세례는 세례자가 사회적 종교적으로 권위 있는 사람이어야지 아무나 줄 수 있는 것이 아니다. 약속은 약속하는 사람이 성실하지 않으면 무용지물이 된다. 위 문장에 나오는 동사들을 수행 동사(Performance verbs)라고 하는 데, 이 동사들이 직설법 현재, 단수 1인칭에 사용되면 수행문이 된다. 그런데 이런 기준에 맞지 않는 수행문들이 나타나기 시작했다.

- **사랑해!**
- **당신은 모가지야!**
- **유효기간이 지났습니다!**

그래서 오스틴은 모든 문장은 세 가지 언어행위를 가지

고 있다는 수정 이론을 제시한다.

2-1. 발화행위

발화행위는 화자가 어떤 의도를 가지고 자신의 문장에 뜻과 지시체를 결정하는 행위를 말한다. '뜻'은 의미론의 연구 대상이고, '지시체'는 말과 사물 간의 복잡한 관계를 취급하는 진리론의 연구 대상으로써 화용론에서는 취급하지 않는다.

2-2. 발화 수반 행위

문장이 함축하는 단언, 질문, 약속, 명령 등의 실행을 의미한다. 언어기호가 명시적으로 표제되지 않기 때문에 '비(非)언어적' 또는 '발화내(內)적' 행위라고도 한다.

2-3. 발화 효과 행위

말이 상대방에게 일으킨 효과를 의미하며, 이는 심리언어학의 분야이다.

세 가지 행위 중 가장 중요한 행위는 발화 수반 행위로써, 위 수행문의 경우에 해당하며 화용론의 핵심 연구 프로그램이라고 할 수 있겠다. 그 요체는, 말이란 사전적인 의미를 넘어 발화자의 의도에 따라 듣는 사람으로 하여금 무엇인가를 수행하도록 한다는 사실이다.

3. 진술과 발화행위(Statement vs Utterance)

훔볼트의 언어철학, 비트겐슈타인의 후기 철학 그리고 오스틴의 언어행위 이론에 대한 이를테면 '파리 해석'이 파리 7대학 Culioli교수에 의해 '발화 행위 이론'으로 다시 태어났다.

진술행위의 결과(statement) vs 진술행위(utterance)

진술행위는 '지금 여기'에서의 발화행위로써 1회성 (semelfactive)이라는 특성을 지니고, 진술문은 이 발화행위의 결과물이다. '발화 행위 이론'이란 진술문으로부터 진술행위를 추적하는 언어이론이다.

어떻게?

진술에는 발화행위의 언어적 흔적이 있다. 이로부터 형태 없는 것의 의미를 추적한다. 예컨대, 로마법에는 규율과 질서를 중시하는 로마인들의 정신을 읽을 수 있다는 말이다.

윗사람에게 핍박받는 직원은 모욕을 당할 때 나중에 삼수갑산을 가는 한이 있더라도 맞서 싸운다. 순간의 세계이자 진실의 세계. 이때 튀어나오는 말은 오직 그 순간에만 해당되는 말이며, 표정에는 제각기 한 가지 의미만이 있을 뿐이다. 입맞춤이 매번 새로운 입맞춤이듯 말이다. 바로 여기에 '말의 힘'이 있다.

> **어떤 깨달은 사람도 글자를 남기지 않았다. 말은 온기를 갖고 있지만 글은 완전히 식어버린 것이라는 간단한 이유 때문이다. 말 속에는 스승의 현존이 들어 있지만 문자 속에는 스승이 존재하지 않는다.** (p.47.)
>
> — 라즈니쉬, <달마>

소크라테스는 글은 기억을 파괴한다고 해서 문자를 거부했다. 말은 말하는 사람의 현전(現前)을 전제로 한다는 점에서 신빙성이 있지만 글 또는 문자는 글쓴이의 부재를 전제로 하기 때문에 왜곡의 가능성이 항상 존재한다.

말과 글은 다음과 같이 현격한 차이가 있다. 말은 서로의 표정, 눈빛, 분위기를 직접 보며 이루어지는 쌍방향 의사소통이라는 점에서 글과는 전혀 다르다.

구분	말(음성언어)	글(문자언어)
매개물	음성	문자
시공간 제약	있음	없음
상대 의사 반영	즉각적	비즉각적
보조 수단	손짓, 몸짓, 표정, 억양 등	문체
수정 가능 여부	어렵다	필화 연루 가능성
전달 방법	직접	간접
심리	거의 무의식이 지배	의식이 지배
습득 과정	자연스런 습득	학습 과정 필요

　이상의 논의는 궁극적으로 훔볼트의 견해를 지지하고 발전시킨 것으로 보인다. 다른 곳에서도 언급하였거니와 그는 일찍이 언어는 에르곤(ergon, 완성된 것)이 아니라 에네르기아(energia, 진행 중인 것)라고 갈파하였다. 화행이론은 결국 객관적인 체계로써의 '언어'보다는 화자의 주체적인 '말'이 구체적인 삶의 현장에서 갖는 힘을 규명하려는 것이다.

　말에는 사람을 움직이고 세상을 변화시키는 힘이 있다. 듣는 사람의 귀로 들어간 말이 그의 지갑도 열고 마음도 연다! 결국 청중에게 감동을 주는 언어를 구사할 줄 아는 사람들이 사회를 변화시키고 세계 역사를 이끌어 왔다.

　그런데 문제는 말은 '양날의 칼'이라는 데에 있다. 말에는 긍정적인 힘도 있지만 부정적인 힘 또한 무지막지하

다. 괴테는 "인간은 입을 열자마자 잘못을 저지르기 시작
한다."라고 간파하였다. 똑같은 말이 동양에도 있다.

개구즉착(開口卽錯)

(입을 열자마자 잘못을 저지른다.)

그래서 '소통'은 '먹통'과 '불통'이라는 망망대해에 떠 있
는 외로운 섬이라는 것이다!

우리가 보기에 부부싸움의 99%는 '말'에서 시작한다.

사례 1 운우지정을 열렬하게 나누고 나서

여자 : 당신은 그 누구보다도 섹시해!

남자 : 누우구?

여자 : 그냥!

남자 : 누구냐고!

여자 : 아니 그냥이라니까!

남자 : 당신 결혼 전에 다른 남자 사귀었지?

여자 : 뭐 이런 남자가 있어!

남자 : 말해! 말해보라니까!

사례 2 부부가 투표장에 가면서

남편 : 누구 찍어줄까, ○○○ 찍어줄까.

아내 : 싫어요, 죽어도 못 찍어요!

남편 : 안 찍으면 그만이지 죽어도 못 찍을건 또 뭐야! 무슨 원한있어? 당신 그 사람한테 채이고 나한테 온 거 아냐?

아내 : 뭐요?

남편 : (때리는 시늉)

아내 : 때려요, 때려요!

자연계뿐만 아니라 인생에도 분명 '나비효과'[74]가 존재한다! 폭격에 의해 파괴되는 것보다 이런 소모적인 논쟁이 수많은 가정을 파괴한다. 우리의 대화기술이란 것이 우리의 조상인 혈거인(穴居人)들이 서로 고함치고 소리지르던

---

74) 태백산 정상에 비가 내린다. 그런데 바람에 의해 겨우 몇 cm 밖에 떨어져 있지 않은 두 빗방울이 하나는 태백산 동쪽에 떨어지고, 다른 하나는 서쪽에 떨어진다. 짐작하는 바와 같이 그 후 두 빗방울의 진로는 크게 달라진다. 이처럼 미세한 초기조건의 차이로 엄청난 결과가 야기되는 현상을 '나비효과'라고 한다. 흔히 "북경에서 나비 한 마리의 날갯짓이 뉴욕에 태풍을 가져온다"는 식으로 표현된다.

수준에서 별반 나아진 것이 없지 않은가.

왜 이런 일이 발생하는가?

글과는 달리 말은 무의식의 지배를 더 받는다. 인간의 뇌는 파충류의 뇌, 포유류의 뇌, 영장류의 뇌 3층집으로 구성되어 있다. 파충류의 뇌는 생존과 번식본능에 관여하고, 포유류의 뇌는 감정을 조절하며 신피질로 되어있는 영장류의 뇌는 통합 능력을 구사한다. 파충류와 포유류의 뇌는 우리의 무의식 속에 잠복해 있다.

이제 왜 어처구니없는 사태가 벌어지는지 짐작이 가지 않는가! 인간의 뇌가 아니라 포유류와 파충류의 뇌가 작동할 때 위와 같은 어처구니없는 일이 발생하는 것이다.

이런 경우에는 그 뜻을 따지기 전에 말이 먼저 튀어나온다. 즉 말의 의미를 실행하는 것이다! 그러니 위험천만할 수 밖에!

또 다른 가능한 해석은 '하울링 효과'[75]다. 마이크를 스피커에 가까이 대면 신경에 거슬리는 삐~익하는 소음이 난다. 스피커에서 나오는 작은 기계음이 마이크를 통해 증폭되어 다시 스피커로 나온다. 이것을 다시 마이크가 받

---

75) 스피커에서 나온 음이 다시 마이크로폰으로 들어가 증폭되어서 순환하여 명음(鳴音)을 발생하는 현상

아 스피커로 보내고 이런 일이 반복되다 보면 견딜 수 없는 고음이 난다. 이와 같은 현상이 대화 속에서도 나타나는 것이다. 남편을 마이크로, 스피커를 아내로 보면 제대로 된 유추가 성립하지 않는가?

보다 구체적으로, 위에 나온 두 부부의 공통적인 문제점은 무엇인가? 그것은 바로 '넘겨짚기'이다. 대개 스스로 잘났다고 오만에 빠진 사람들이 넘겨짚기의 달인들이다. 넘겨짚기는 인간관계를 파멸로까지 내몰 수 있는 노상강도보다 무서운 적이라는 걸 알아야 한다. 『정원사 챈스의 외출』[76]은 주인공이 한 모든 말이 넘겨짚기에 의해 왜곡되는 기가 막히는 스토리이다. 주인공 챈스는 지적 장애를 지닌 남성으로 읽을 줄도 쓸 줄도 모른다. 일련의 착각에 의해 유명해지자, 이를 노린 어느 출판업자가 챈스에게 책을 써 달라고 주문한다.

챈스　　: 저는 쓸 수 없습니다.

출판업자 : 물론이지요. 요즘 누가 직접 쓴답니까? 문제될 게 없습니다. 저희가 최상급 편집인과 연구

---

76) 저자 코진스키(Jerzy Kosinski, 1933~1991)의 소설로 1979년 영화로 만들어졌다.

보조원을 대드리겠습니다.

챈스　: 저는 읽을 수도 없어요.

출판업자 : 물론 못 읽으시겠지요. 요즘 읽을 시간이 있는

사람이 누가 있나요?

⋮

이탈리아의 예술비평가 크로체[77]는 언어의 6가지 기능
중 '시적 기능'에 특히 주목했다. 그는 언어와 예술 사이에
는 밀접한 관계가 있을 뿐만 아니라 완전히 동일하다고 본
다. 그래서 일반언어학을 연구하는 사람은 누구나 또한 미
학의 문제를 연구하는 것이며 그 역도 참이라고 본다. 언
어의 시적 기능의 중요성을 잘 인식하여 부부 생활에 활용
하면 어떨지? 흔히 우리는 '아' 해서 다르고 '어' 해서 다르
다고 하지 않는가. 또한 "말 한마디로 천 냥 빚을 갚는다."
는 속담도 있지 않는가.

우리나라 사람들은 너 나 할 것 없이 감정을 개입시키지
않고 자기 의견을 개진하는데 큰 어려움을 겪는다. 화가 난
것을 자각하는 것이 매우 중요하다. 화가 날수록 우선 목소

---

77) **Benedetto Croce**(1866~1952) 그의 미학 사상은 예술 비평계에 큰 영향을
미쳤다.

리를 낮추고 말을 천천히 하면 어느 정도 진정될 수 있다.

특히 중요한 사실은, 대장장이가 쇠를 벼리면서 대장장이가 되듯이 아이디어는 말을 하면서 떠오른다는 사실이다. **말로 야기되는 모든 문제는 말이 의미에 선행한다는 사실에 있다.** 그래서 모든 아이디어가 다 좋은 것은 아니다. 이로부터 본의 아니게 상대방을 자극하는 말이 튀어나올 수 있다. 속이 더부룩하거나 몹시 피곤하면 짜증이 나기 마련이다. 이런 상황에서 말하는 것은 머리가 아니라 내 몸이다. 내장은 '제2의 뇌'라는 사실에 주의를 기울일 필요가 있다.

VIII

질문의 논리

1. 좋은 질문

타인에 대한 존중과 진정한 호기심으로 구성된 질문은 좋은 질문이다. 태평성대로 알려진 '요순시대'의 순(舜)은 훌륭한 임금의 대명사, 아주 지혜로운 인물로 모두가 숭배하는 대상이다. 그런데 『중용』에서는 큰 지혜가 스스로 잘나서가 아니라 질문하기 좋아하는 데서 이루어진 것이라고 한다.

공자가 사랑한 제자 안연은 자기보다 못한 이에게까지 질문을 마다하지 않았고, 무지한 자에게까지 질문하였다고 한다. 그래서 바보가 현자에게서 배우는 것보다 현자가 바보에게서 배우는 것이 더 많은 법이다!

사르트르는 『존재와 무』에서, 질문은 인간이 세계에 탐구적으로 관여하는 원초적 행위라고 말한다. 그것을 전형적으로 보여주는 것은 존재(Being)에 대한 질문이다. 어린아이가 모국어를 익히자마자 하는 일이 바로 질문이다.: "이건 뭐야? 저건 뭐야?" 바로 '이름에 대한 굶주림'이 아니고 무엇인가. 또한 아이의 끊임없는 "왜?" "왜?" "왜?"에 지쳐 떨어져 나간 부모가 한둘인가! 대답을 해 줘도 끝내 다시 묻고 마는 무한루프를 타는 것이 다반사다. 18C 프랑스의 계몽사상가 볼테르는 이미 이런 말을 했다.

"한 사람의 수준은 대답이 아닌 질문 능력으로 판단할 수 있다."

그렇다. 질문은 이제까지 소홀하게 지나친 사안에 대해 문제의식을 불러일으킨다. '우문우답'이요, '현문현답'이다. 마음속 의문이 밖으로 나오면 질문이 된다. 마음속에만 머물러 있으면 개인적 사안이지만, 밖으로 표현될 때 집단적인 현상으로 돌변한다.

특히 리더의 질문은 중요하다. 마음을 열게 하고 귀를 기울이게 해야 한다. 부하 직원에게 지시나 명령을 내릴 때 직접적인 명령보다는 질문을 함으로써 분위기를 부드럽게 만들 수 있다. 무엇보다 질문은 사람들의 상상력을 자극한다는 극히 중요한 인식론적 의미를 지니고 있다. 질문을 하는 자체가 상대방을 자신이 원하는 틀 속에 가두는 것이다. 좋은 질문이란 어떤 질문을 말하는가?

첫째, 상대방의 관점을 전환시킬 수 있는 질문이다.

자신의 영역에만 갇혀 있는 사람에게 영역 밖에서 생각할 수 있게 돕는 질문이다. 대학에서의 예를 들자면 자기 학과만을 생각하는 교수에게 대학 전체의 입장에서 볼 수 있게 하는 질문이다.

어떤 질문을 던져야 사람들의 관점을 바꿀 수 있을까? 그 답은 소크라테스식 문답법, 곧 산파술에 있다. 플라톤의 상기론에 의하면, 인간이 무언가를 이해하고 알게 되는 것은 우리 영혼에 이미 주어져 있던 것을 단지 떠올릴 뿐이라는 것이다. 그래서 산파가 출산을 위해 산모를 돕듯이, 스승은 제자들이 망각한 것을 떠올릴 수 있도록 생각을 자극하는 질문을 계속 던짐으로써, 제자들이 스스로 깨우침에 도달하도록 돕는 역할을 해야 한다.

소크라테스식 문답법은 수업이나 학생 지도에서 어렵지 않게 적용될 수 있다. 하나의 실례를 들어 보자. 공부는 하지 않고 컴퓨터게임에 중독된 중2가 있다. 다음은 이 아이의 관점을 바꾸기 위해 소크라테스식 문답법을 적용한 초보적인 사례이다.

멘토: 얘야, 너 커서 예쁜 색시 만나 장가 갈 거지?

아이: 예!

멘토: 결혼 생활은 돈이 많이 든단다. 지금처럼 엄마 아빠한테 돈 타서 쓸래?

아이: 아, 아니요. 제가 벌어서 써야지요!

멘토: 너는 컴퓨터게임이 그렇게 좋으냐?

아이: 예!

멘토: 사실은 하루 종일 컴퓨터만 할 수 있는 직업이 있단다.

아이: 그게 뭔데요?

멘토: 교수가 되거나 연구소의 연구원이 되면 네가 하고 싶은 것을 마음껏 할 수 있단다. 물론 돈도 벌고!

아이: … …

멘토: 네가 하고 싶은 것도 할 수 있고 돈도 벌려면?

아이: 좋은 대학에 들어가야지요.

멘토: 좋은 대학에 들어가려면 어찌 해야 하느냐?

아이: 열심히 공부해야지요.

멘토: 컴퓨터게임이 무척 하고 싶을 텐데?

아이: 참고 해야지요!

현실이 이렇게 단순하지만은 않겠지만 이 사례는 시사하는 바가 없지 않다.

둘째, 좋은 질문이란 내가 하고 싶은 말을 상대방이 하도록 만드는 질문이다.

말을 잘 하는 사람은 많지만 이런 질문을 할 줄 아는 사람은 드물다. 질문은 단순히 묻는 행위를 넘어 사람을 움직이게 만드는 최고의 방법이다. 사람을 움직이게 한다는 것은 내가 하고 싶은 말을 나의 상대방이 하게끔 만드는 것이다. 나의 의도를 가장 강력하게 전달하는 질문은 백마디 설명보다 낫다.

이런 질문을 하려면 고민을 거듭해야 한다. 내가 하고 싶은 말을 질문으로 바꾸기 위해서는 상대방의 입장에서 생각해야 한다. 그래야 그는 답을 찾기 시작한다. 이렇게 해야 새로운 발견과 혁신적 아이디어가 도출되는 것이다. 이제 비근한 실례를 들 차례이다.

사장: 자네 이 분야에서 일한 지 얼마나 됐나?

직원: 한 20년 된 거 같습니다.

사장: 그럼 도사가 다 되었겠군.

직원: 별말씀을...

사장: 그런데 말이야, 우리는 지금 지구촌 시대에 살고 있지?

직원: 예, 그렇습니다.

사장: 그러면 세계 최고가 100점이라면 자네는 몇 점쯤 된다고 생각해?

직원: 글쎄요, 한 70점 쯤 되지 않을까요.

사장: 100점은 그렇고 90점까지 올릴 생각은 없는가?

직원: 아, 예.

사장: 그렇게 되려면 어떻게 해야 하지?

이때부터 직원의 뇌는 활성화되어 작동하기 시작한다. 사실 이 사례는 소크라테스 문답법의 변이형이라고 보아도 무방하다.

셋째, 좋은 질문이란 상대의 관심 분야에 대한 것이다.
상대의 관심 분야에 대한 질문의 전형적인 경우가 인터뷰이다. 노벨상 수상자나 외국의 석학을 초대하기 위해서는 많은 경비가 필요하다. (마누라의 허락이 나야 한다는 구실로 그 부인의 비행기 티켓까지 챙겨줘야 한다!)

대개 출국 전 TV나 잡지사 인터뷰를 하게 되는데, 질문 같지 않은 질문, 하나 마나 한 질문으로 기회비용을 다 날려 버린다! 본질에서 한참 벗어난 사생활이나 관광객에게나 던질 수 있는 질문이 대부분이다.

일본의 경우는 전혀 다르다. 발명 내지 발견시의 영감과 연구의 핵심에 대해 질문을 하기 때문에 보따리를 풀지 않을 수 없는 질문을 해서 본전을 빼고도 남는다. 상대에 대해 충분한 정보가 없으면, 질문의 스펙트럼이 좁아진다. 한창 조업에 정신이 없는 어부들에게, "작업을 쉬면 안 되는 건가요."라는 멍청한 리포터를 TV에서 본 적도 있었다.

넷째, **좋은 질문이란 통념에 저항하는 질문이다.**

당연하게 생각하는 것에 물음표를 붙이는 것이다. 필자는 이 방법을 프랑스 유학 시절에 배웠다. 프랑스인들은 '의문에 붙이기(Mise en question)'의 도사들이다. 그러나 역사상 최고의 질문법 교사는 2500여 년 전의 붓다이다. 한번은 어떤 사람이 부처님께 와서, 많은 바라문들이 자신들의 교리만 옳다고 주장하고, 다른 구도자들의 교리는 부정해서 어느 것이 옳은지 혼란스럽다고 하소연하였다. 〈칼라마경〉은 부처님의 답변을 이렇게 전한다.

....

"오 칼라마스여, 단순히 누구로부터 들었다는 것만으로 어떤 사실을 받아들이지 말라.

어떠한 것도 단지 전통이라고 해서 받아들이지 말라.

어떠한 것도 소문에 의해서 받아들이지 말라.

어떠한 것도 단지 경전과 일치한다고 해서 받아들이지 말라.

어떠한 것도 단순한 상상에 의해서 받아들이지 말라.

어떠한 것도 단순한 추론에 의해서 받아들이지 말라.

어떠한 것도 단지 겉모습만을 보고 받아들이지 말라.

어떠한 것도 단지 너의 선입관과 일치한다고 해서 받아들이지 말라.

어떠한 것도 단지 받아들일만 하다고 해서 받아들이지 말라.

단지 어떤 구도자를 존경하기 때문에 그의 말을 받아들여야 옳다고 생각해서도 어떠한 것을 받아들이지 말라."

....

한마디로 하자면, 이성과 경험의 시험을 통과하지 않은 것은 그 어떤 것도 받아들여서는 안 된다는 것이다. 이는 바로 과학적 방법론의 정수가 아닌가! 과학의 역사는 바로 질문의 역사인 셈이다.

다섯째, 최고의 질문은 반성과 성찰의 수단으로써의 질문이다. 다음은 잘 알려진 이야기지만 우리의 목적에 따라 다시 소개한다. 지미 카터가 해군사관학교를 졸업하고 해군장교로 복무하던 시절, 핵잠수함 요원 선발을 위한 인터뷰 장면이다.

> **면접관**: 귀관은 해사 생도 시절을 성공적으로 보냈는가?
>
> **카터** : 그렇습니다.
>
> **면접관**: 그러면 최선을 다 했다고 생각하는가?
>
> **카터** : 그렇습니다… (잠시 주저하다가) 최선을 다 한 것은 아닙니다.
>
> **면접관**: 왜 최선을 다 하지 않았는가?

이 마지막 면접관의 질문이 카터의 머릿속에 꽂혔다! 결국 일생 동안 그의 인생관으로 자리를 잡게 된다.: 왜 나는 최선을 다하지 않는가? 이 한마디 질문이 그를 대통령으로 만든 것이다!

'경영학의 아버지'라 불리는 피터 드러커가 중학생 시절, 그의 담임 선생님은 이런 질문을 한다.: "여러분이 죽을 때 어떤 사람으로 기억되고 싶은가?" 이 질문은 그에게 일생 동안 나침반 같은 역할을 했다.

여섯째, 좋은 질문은 내가 모르던 것을 알게 해준다.

실문의 첫 번째 기능은 새로운 정보에 대한 탐색이다. 사람들은 적극적인 형태보다는 소극적인 형태의 거짓말을 잘 한다. 상대방이 모르는 것을 알면서도 가르쳐주지 않는 것이다. 내가 중고차 상인이라면 팔려는 자동차가 기름을 많이 먹는다는 사실을 구태여 말하고 싶지 않을 것이다. 하지만 고객이 나에게 "이 차 기름을 많이 먹나요?"라고 물어온다면 나는 실토하지 않을 수 없게 된다. 그래서 사실을 알고 싶다면 구체적으로 질문을 던져야 한다. 국가 정책 수준의 차원이라면 이런 질문은 매우 중요하다.

아무리 좋은 정책이라도 반드시 부작용이 따르기 마련이다. 지옥으로 가는 길은 선의로 포장되어 있다고 하지 않던가. 1981년 집권한 프랑스 사회당 정권은 세입자 보호를 위한 획기적인 정책을 시행했다.[78] 그 결과 파리에서만 2만 채가 넘는 아파트가 보이콧해서 집을 내놓지 않았

---

78) 가령 프랑스에서는 세입자가 몇 달씩 월세를 내지 않아도 집주인이 내쫓을 수 없다.

다. 부동산 중개업소에서는 출입문에 아예 "셋집 없음(Pas de loyer)"이라고 써 붙였다. 아무리 선의로 만든 정책이라도 반드시 다음 질문을 해야 한다.

① 정책의 부작용으로 무엇이 있는가?
② 부작용에 대한 해소책은 무엇인가?
③ 해소책은 효과가 있는가?

바로 지금 우리나라에서 뜨거운 감자가 된 여러 가지 정책들이 사전에 과연 이런 질문들을 검토하였는지 묻지 않을 수 없게 된다.

좋은 질문을 하면 이 질문을 한 사람에 대한 호감이 상승한다는 점도 말해두어야겠다. 어떤 화두를 갖고 사느냐가 내 인생을 만든다.

나는 누구인가?

이 화두 하나로 수많은 구도자들이 깨달음에 이르렀다.

나는 무엇 때문에 사는가?

삶의 의미가 있을 때 인간은 그 어떤 고난과 역경도 헤쳐 나갈 힘을 얻게 된다고 빅토르 프랑클[79]은 증언하였다. 질문은 연구프로그램에서도 결정적 역할을 수행한다. 가령 다음과 같은 질문을 스스로에게 던져보자.

철학자로 산다는 것은 무슨 의미인가?
신은 수학자인가?

대답하는 사람이 질문을 받기 전에는 생각조차 하지 못했던 상황이 발생한다면, 그런 질문이야말로 창조적인 질문이자 영감을 주는 질문이라고 하겠다. 프랑스의 바슐라르[80]는 과학적 탐구에서 '왜 안돼?(pourquoi pas!)'의 중요성을 각인시킨 과학철학자이다. 프랑스 사람들은 여기에 '나'를 덧붙여서, "나라고 왜 안 되겠어!"라는 도전적인 정신으로 수용했다. 구체적인 사례를 소개한다.

스포츠 역사에는 늘 마의 벽이 존재해 왔다. 1908년 피

---

79) Viktor Frankl(1905~1997) 아우슈비츠에서 살아남아 『죽음의 수용소』로 전 세계에 알려짐. 삶의 의미와 가치를 깨닫고 목표 설정의 중요성을 강조한 실존적 심리치료 기법인 로고세러피(logotherapy)를 개발.

80) Gaston Bachelard(1884~1962) 프랑스의 대표적인 과학 철학자이자 동시에 문예비평가. 우리나라에는 특히 그의 시학이 잘 알려져 있다.

겨스케이팅이 올림픽 종목으로 채택된 이래, 여자 피겨 스케이팅에는 200점이라는 마의 벽이 있었다. 그러다가 2009년 김연아가 최초로 이 마의 벽을 돌파했다. 역대 최고점 207.71점을 받아 우승한 것이다.

다른 경쟁자에 의해 무너짐에 따라 자신도 그 선수처럼 못할 이유가 없다는 생각이 든 것이다. "나라고 왜 안 되겠어?(pourquoi pas, moi?)" 이런 질문은 스스로 할 수 있다는 용기와 신념을 가지게 하며, 강력한 동기유발을 일으켜 목적을 달성하게 만든다.

질문을 잘 할 수 있는 요령이 있을까? 회의를 할 때 사람들은 대개 상대방의 말을 건성 들으면서 자신이 할 말을 준비하고 있다. 반박하기 위해 듣는다는 말이다! 결과적으로 토론은 '독백들의 집합'이 되기 쉽다. 이런 상황에서는 결코 좋은 질문이 나올 수 없다. 좋은 질문을 하기 위해서는 잘 들어야 한다. 그저 잘 듣는 수준을 넘어 '감정이입적 경청'을 해야 한다. 말하는 사람 속으로 들어가 그가 보는 대로 보고, 그가 느끼는 대로 느껴야 한다.

끝으로 후속질문(follow-up question)의 중요성에 대해서도 언급해야겠다. 상대방이 내놓은 답변에서 멈추지 않고 그 답변에 대해 "그게 무슨 의미냐?", "보다 자세하게 설명해

줄 수 있을까요?"

2. 나쁜 질문

첫째, 질문 형태로 제시되는 주장

학회에서 드물지 않게 목격되는 장면인데, 질문을 구실 삼아 발언권을 얻은 다음 질문자의 가치관이나 개인적인 관점을 주입시키려고 하는 질문이다. 자신의 박학다식을 과시하고자 장광설을 펴는 것인데… 참으로 난감한 일이다.

둘째, 추궁하기 위한 질문

"숙제는 다 했니?"
"너 커서 뭐가 되려고 그러니?"
"도대체 무슨 생각으로 이따위 짓을 했어?"

잘못을 꼬집는 부정적인 질문을 문제를 해결할 수 있는 긍정적인 질문으로 바꿔야 한다.

"이번 일로 무엇을 배웠니?"

셋째, 답이 정해져 있는 질문

답변에 관심이 없는 하나 마나 한 질문을 하는 리포터들이 연일 TV 화면을 메운다.

넷째, 어리석은 질문

상대의 경제적 상황을 묻는 등 아무렇지 않게 사생활에 관한 사안을 캐물어 당황하게 만드는 질문이 의외로 많다.

다섯째, 떠보기 위한 질문

가장 질이 나쁜 질문이다. 그러나 예외적으로 상대방의 진실성을 파악하기 위해 할 수도 있는 질문이다.

이밖에 논의 중인 사안과는 아무 관련도 없는 논점일탈형 질문도 자주 목격한다. 신은 꼬치꼬치 캐묻는 자들을 위해 지옥을 마련해 두었다는 말이 있다. 타인의 프라이버시를 침범하는 나쁜 질문은 당연히 좋은 대답을 얻을 수 없다.

마지막으로, 질문이 끝나기도 전에 대답을 서두르는 성마른 사람들이 의외로 많다. 질문을 받으면 잠시 뜸을 들이고 숙고하고 나서 대답하는 습관이 좋다.

3. 천사 질문(Angel Question)

만약 지금 천사가 나타나서 딱 한 가지 질문에 답을 해 주겠다고 한다면 당신은 어떤 질문을 할 것인가? 이런 질문을 '천사 질문'이라고 한다.

필자는 사후 세계의 일이 제일 궁금하다. 내가 죽으면 어떤 일이 벌어지는가? 인간은 어디에서 와서 어디로 가는지 모른다. 모든 불안의 근저에는 이러한 미스터리가 숨어 있다.

가장 많이 나오는 천사 질문 중 하나는 지구 외 다른 행성에 생명체가 존재하는가라는 질문이다. 100억 개에 달하는 은하 중 우리 은하에만, 또 우리 은하계에 있는 1,000억 개의 별 중 하나인 태양 주위를 돌고 있는 지구에만 생명체가 존재한다? 칼 세이건[81]은 그렇다면 그것은 "공간의 낭비"라고 말하였다.

지구 이외의 다른 행성에도 인간이 살고 있다고 최초로 주장한 사람은 16세기의 사상가 G.브루노였다. 그의 이런 우주관은 이단(異端)으로 지목되어 끝내 화형에 처해졌다.

---

81) **Carl E. Sagan**(1934~1996) 20세기 천문학의 대중화에 크게 기여한 미국의 천문학자. 『코스모스』는 그의 대표작이다.

처음으로 그 당시로써는 나름대로 논리적 타당성을 가진 외계인을 상상한 것은 H. G. 웰스의 『우주전쟁』(1898)에서이다. 여기에 나오는 화성인(火星人)은 지름 1.2m나 되는 머리에 거대한 눈과 입을 가지고 16개의 촉수가 뻗은 문어형의 생물로 그 후 공상적인 외계 생명체의 전형이 되었다. 다른 한편, 노벨 물리학상을 수상한 이탈리아의 물리학자 엔리코 페르미는 인류가 아닌 지적 생명체의 존재를 당연시하여 1950년 동료들과 점심 식사 도중 "그러면 그들은 모두 어디에 있는가?"라는 질문을 했다고 한다.

IX

언어의 한계

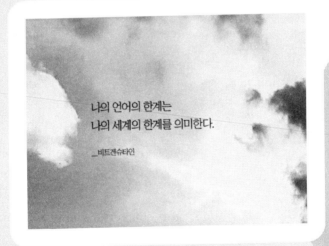

나의 언어의 한계는
나의 세계의 한계를 의미한다.

_비트겐슈타인

1. 대화의 엔트로피 원리[82]

자연의 원리는 우리가 생각하는 이상으로 인간의 원리에 부합한다고 우리는 믿는다. '관성의 법칙'에는 '습관'이, '작용-반작용의 법칙'에는 "오는 말이 고와야 가는 말이 곱다"는 속담이 우리의 주장을 뒷받침한다. '나비효과' 역시역사를 통해, 그리고 당장 삶에서 어렵지 않게 목격할 수있다. 얼마나 하찮기 그지없는 사소한 일이 인간의 삶을, 보다 큰 차원에서 인류를 온통 뒤죽박죽으로 만드는가!

우리는 엔트로피 원리 역시 유감스럽게 대화에도 개입한다는 사실을 주목하였다. 우리 모두는 화자인 동시에 청

---

82) 열역학 제2법칙으로 여러 해석이 가능한데, 여기에서는 화자가 기호화하는 과정과 청자가 탈기호화하는 과정에서 무질서의 증가를 의미한다. 필요한 정보 대신 잡음(noise)이 증가한다는 정도로 이해하면 되겠다.

자이므로, 이 원리를 양자에 각각 적용해야 한다. 말하는 사람의 마음속에 있는 생각이나 감정을 듣는 사람의 마음에 옮겨 놓을 수 있는가? '생각의 수혈'은 과연 가능한가? 불통이 만연하고 소통의 지난함을 인정한다면, 아래의 공리(公理)를 수용하는 데 큰 거부감은 없을 것이다.

> **공리(公理) : 언어를 통한 완전한 상호이해는 원리적으로 불가능하다. 왜냐하면, 발언자의 말(words)은 언제나 그의 생각 이상을 암시하고, 그래서 그 말을 듣는 사람에게 수없이 많은 심상(mental image)을 촉발시키기 때문이다.**

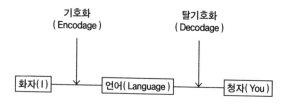

1-1. 모국어를 완벽하게 구사하는 사람은 없다.

> **"분절된 음성을 가지고 의미를 구축하려는 영원히 반복되는 정신의 노력이다."**

훔볼트의 언어에 대한 정의를 다시 한번 상기하면, 화자는 자신의 생각이나 어떤 사실(fact)을 표현하기 위해 문장을 생성한다. 첫 번째로 화자는 자기 자신의 것이면서도 자신의 생각을 정확하게 표현하는데 큰 어려움을 겪는다. 언어는 완벽한 매개체가 아니기 때문에 설령 화자가 아무리 말과 글을 잘 한다 할지라도 허점이 있기 마련이다. 이 대목에서 우리는 엔트로피 개념의 도움으로 이 점을 논의하고자 한다.

엔트로피가 증가하지 않는 경우는, 화자의 의도가 문장에 100% 반영되고, 그래서 생성된 문장만 가지고 화자의 의도를 100% 알아내야 한다. 우리 모두는 현실이 그렇지 않다는 진실을 잘 알고 있다. 설령 자신의 의도가 왜곡되지 않고 제대로 표현되었다 할지라도 화자가 겪어야 할 두 번째 어려움은 화자는 자신의 말에 대한 상대방의 반응을 미리 알 수 없다는 점이다. 여기에 대해 인공두뇌학의 창시자 노버트 위너(Norbert Wiener, 1894~1964)[83]의 명언이 있다.

---

83) Norbert Wiener(1894~1964) 미국의 수학자이자 철학자. MIT 대학 교수. 사이버네틱스(cybernetics)의 발명자. 사이버네틱스란, 메시지에 담긴 정보를 받고, 그 정보에 대한 피드백(feedback)을 실행하는 것을 말한다.

"상대방의 대답을 듣고서야 나는 내가 한 말의 의미를 이해한다."

왜 그러한가? 일단 무슨 말을 내뱉으면, 그 말을 어떻게 받아들이냐는 전적으로 듣는 사람에게 달려있다. 우선, 사람들은 개개인마다 세상에 대한 이해가 다르다는 점을 잘 인식하지 못한다. 사람마다 사건이나 현상을 해석하는 독특한 방식이 있는 법이다. 얼굴 생김새가 모두 다르듯이, 사람들의 생각하는 방식도 사람마다 다르다. 갑(甲)이 당연하다고 생각하며 읽었던 책의 내용을, 을(乙)은 전혀 다르게 받아들이는 일이 종종 일어난다. 각 개인은 단독자로서 자신만의 세계를 구축하여 그 안에서 살기 때문이다. 엄격하게 말해서, 인간은 서로의 말을 이해할 수 없다. 왜냐하면, 표현과 이에 대한 이해는 '생활형태(form of life)'와 불가분의 관계에 있기 때문이다. 이것이 앞에서 본 바와 같이 비트겐슈타인이 "설령 사자가 말을 한다 할지라도 우리는 그를 이해할 수 없다."고 말한 이유이다.

윅스퀼[84]은 모기가 보는 세상과 파리가 보는 세상이 완

---

84) Jakob von Uexküll(1864~1944) 윅스퀼은 세상을 보는 새로운 관점을 제시한다. 모든 생명체에게 똑같이 파악되는 '객관적 세계'란 애당초 존재하

전히 다르다는 사실을 밝혔다. 박쥐는 초음파로 세상을 인식하며, 개구리는 모든 물체를 움직이는 것과 움직이지 않는 것으로만 구별한다. 인간과 여타 동물이 서로 다른 세상을 본다는 것은 모두가 인정하는 바이다. 그런데 우리는 모든 인간들은 똑같은 것을 보고 똑같은 세상을 산다고 쉽게 인정한다. 과연 그러한가?

인간은 라이프니츠가 말하는 모나드(monad)로써, 내면 생활의 측면에서 볼 때 타인의 정신 작용에 대해서는 맹인이나 귀머거리에 다를 바가 없다. 아무것도 알지 못한다!

100% 동일한 뇌를 가진 두 사람은 없다. 일란성 쌍둥이마저도 서로 다른 뇌를 가지고 있다. 서로 다른 뇌는 각각 다른 아웃풋을 만들어낼 수밖에 없다. 그런데 서로 다른 세상을 인식하는 인간들이 의견을 교환하기 위해서는 언제나 언어라는 도구에 의존할 수밖에 없다.

지 않고, 각각의 생물체가 구축하는 다양한 가상 세계만이 존재한다는 것이다. 그는 이런 가상 세계를 '환경세계(Umwelt)'라고 불렀는데, 생물에게 환경세계란 그 생물이 지각할 수 있는 지각세계(Merkwelt)와 행동할 수 있는 작용세계(Wirkwelt)가 합쳐진 통일체이다. 각각의 종의 감각기관과 운동기관은 종마다 각각 다르다. 그래서 까마귀에게는 까마귀의 세상이, 고양이에게는 고양이의 세상이 하나의 지구 안에서 이뤄진다는 것이다. 본문에서 필자는 환경세계 이론을 끌어와서 인간에게 적용, 각 개인을 하나의 '종'으로 취급했는데, 이는 소통의 지난함을 강조하기 위한 부득이한 조치로 보아주면 될 것이다.

결국 서로 다르게 보는 세상을 동일한 단어로 표현하는 데에 불통의 원인이 있다고 보아야 할 것이다.

토머스 네이글은 「박쥐가 된다는 것은 어떤 것일까?(What Is it Like to Be a Bat?)」라는 화두를 던진다. 비트겐슈타인이 '딱정벌레'는 또 다른 사고실험의 사례이다. 내 어깨의 '통증'은 나의 주관적 경험이라는 상자 안에 들어 있기 때문에 다른 사람은 알 도리가 없다. 물론 내 친구의 '통증'도 나는 알 수가 없다. 그런데 우리는 거리낌없이 '통증'이라는 단어를 예사로 쓰고 있다.

다음으로, 하나의 표현이 어떤 의미를 갖는지 체계적으로 설명할 수 있는 이론이 아직 나오지 않았기 때문이다. 보다 더 나가서, 언어는 화자의 의도까지 표현할 수는 없다. 화자의 의도가 청자에 의해 다른 생각으로 연결된다면, 그것은 두 언어로 말하는 것이 된다. 대화 상대자들이 한국어로 된 외국어로 말한다는 것이다. [85]

직관적으로 이해하는 차원을 넘어 명제논리나 술어논리에서처럼 언어 표현들의 의미를 공리적으로 도출시키

---

85) 상황을 더욱 악화시키는 것은 대부분 사람들은 화자의 말을 듣는 것이 아니라 자기 생각의 테이프를 열심히 돌린다는 사실이다. 즉 반박하기 위해 듣는다는 것이다. 그래서 대화는 종종 '독백들의 집합'이 된다.

는 이론이 아직은 부재한다. 이런 이론을 '자연언어의 논리'라고 하는데 전 세계의 언어 연구가들이 땀을 흘리고 있는 인류의 위대한 프로젝트 중의 하나이다. 다음은 위너 (Norbert Wiener)의 말이 실감나는 사례들이다. 1984년 미국 대선 때의 일이다.

먼데일 : "대통령의 나이가 좀 많다고 생각하지 않으십니까?"

레이건 : "저는 이번 선거에서 나이를 이슈로 삼지 않겠습니다. 상대 후보가 너무 어리고 경험이 없다는 사실을 정치적으로 이용하지 않겠다는 뜻입니다."

이번에는 영국의 의원 선거 유세장에서 젊은 수의사가 출마하였는데 상대는 쟁쟁한 현역 3선 의원이다. (이 당시에는 수의사의 사회적 위상이 그리 높지 않았다.)

3선 의원 : "이보시오, 당신은 수의사 출신이라지?"

수의사 : "그런데요, 왜요? 어디 편찮으세요?"

정치란 말로 혈전을 벌리는 결투장이다. 누가 언어의 메커니즘과 말의 힘을 정확하게 간파하여 날카롭게 구사하는가에 승패가 결판난다. 고대의 수사학(rhetorics)은 오늘날에도 여전히 성업 중이다.

어떤 아이가 못마땅한 어른이, "저렇게 똑똑한 아이는 크면 멍청해지지!"라고 하니

아이 왈 : "아저씨는 어렸을 때 아주 똑똑하셨겠네요!"

어느 나라의 국왕이 여행 중 자신과 놀랍게도 닮은 사람을 보고 가까이 오라고 한 후,

국왕　: "그대의 어머니는 예전에 궁전에서 근무했는가?"
젊은이 : "아닙니다. 폐하! 저의 아버님이 궁전에서 근무하셨습니다."

이 사례들의 공통점은, 의미는 화자의 '현재'가 아니라 청자의 '미래'에 잠입하고 있다는 사실이다.

1-2. 청자의 의식/자의식/무의식을 통해 만들어진 색안경은 화자가 의도하지 않은 전혀 엉뚱한 것을 포착한다.

어느 시골 길에서 스포츠카가 신나게 달리고 있었다. 밭에서 일하던 농부가 보니 길 한복판에 멧돼지가 있는 게 아닌가!

농부 : "돼지!"
운전자 : "넌 뭘 잘났냐! "

청자는 사실지향적인 관점이 아니라, 자기의 관점에서 '느끼는 대로'해석하는 '선택적 인지' 성향을 지니고 있다. 그래서 타인의 말을 잘못 해석한다. 아무리 주의 깊은 사람일지라도 상대방의 말과 글을 오해하는 것은 새삼스러울 것이 없다. 결과는 인간관계의 파탄이나 방금 사례에서 보듯이 대형 사고로 이어진다!

『절벽산책』에서 새 직업을 찾는 주인공은 막바지 상황에 이르자 어느 공사판을 찾아 간다. 풀이 죽은 모습에 공사 책임자는 다음날부터 나오라고 하면서, "목공 벨트만 가져오면 됩니다."라고 말한다. 다음날 주인공은 아무짝에

도 쓸모없는 빈 벨트를 차고 나간다. 팀장의 말은 기본공구
는 가져오되 동력 공구를 가져 올 필요는 없다는 뜻이었다!
『걸리버 여행기』의 저자가 주장하는 바대로, 목공 벨트를
직접 보여주었다면 이런 오해는 피할 수 있었을 티이다.

　루이제 린저[86]는 "언어는 종종 소통의 수단이 아니라,
단절의 수단으로 절감된다."고 했는데, 실감나는 말이 아
닐 수 없다. 내가 당연하다고 생각하고 한 말을 상대방은
전혀 다르게 받아들이는 경우를 우리 모두는 겪어 봐서
알고 있다. 나의 말이 나의 의도와 달리 얼토당토하지 않
게 왜곡될 수 있다는 사실은 우리를 당혹하게 만든다.[87]

　이제 소통의 문제가 얼마나 지난한지 이해될 것이다. 물
리적 폭력 대신 대화가 물론 바람직하지만 이 엔트로피의
법칙에 의해 대화가 오히려 사태를 악화시킬 수도 있다는
사실을 알아야 한다.

　우리 모두는 화자인 동시에 청자이다. 위에서 본 몇 가
지 에피소드는 대화에 있어서 엔트로피 원리가 잘 드러난

---

86) Luise Rinser(1911~2002) 독일 여류 소설가. 우리나라에도 『생의 한가운
　데』로 잘 알려진 뛰어난 산문 작가.
87) 양승태 전 대법원장은 검찰조사를 받고 난 뒤 40여 시간 가까이 조서를 열
　람하고 나서, "내가 말하는 취지하고 얼마나 달리 이해될 수 있는지를 보
　고 깜짝 놀랐다"고 술회했다고 한다. (CBS 노컷뉴스, 2019. 3.13.)

사례들이면서 동시에 알려지지 않는 사실을 구축하는 언어의 형성력을 잘 보여준다.

2. 말로 배운 지식은 왜 산지식이 못 되는가?

그런데 인간은 왜 말을 할까? 인간은 사회적 동물이다. 자신의 생각을 표현해야 하고 또 무언가에 대해 언급할 필요가 항상 대두한다. 그래서 말과 사물에 대한 문제가 불가피하게 제기되는 것이다.

여기에서 '사물'이란 개별적인 대상은 물론이고 인간을 포함해 온갖 자연현상을 아우르는 넓은 의미로 쓰인다. 인간은 무언가에 대해 언급해야 할 필요성 때문에 말을 한다고 했는데, 하나의 기호에 대응하는 사물을 지시체(指示體) 내지 지시대상이라고 한다.

지시(reference)는 언어가 세계에 연결되는 방식이다. 지시의 가장 원초적인 방식은 사물에 이름을 부여하는 것이다. 이것을 명명(naming)이라고 하는데 하나의 단어가 하나의 사물에 직접 적용되는 것을 말한다. 예를 들어 '저 소나무'라고 말할 때 이 기호의 지시체는 저기에 현실적으로 서 있는 소나무가 된다. 그렇다면 지시체가 없는 경우도 있는가? '거북의 털', '토끼 뿔', '황금 산' 등에 대응하는 지시체는 존재하지 않는다. 집합론의 용어로 말하자면 공집합(∅)이다. '자유', '평등', '박애' 등 추상명사도 지시대상이 없다.

왜 지시체란 개념이 중요한가? 앞서 든 예를 통해 다시 한번 알아보자. 들판에서 일하는 농부가 허리를 펴고 보니 저 앞 고속도로에서 멧돼지가 돌진하고 있다. 이 농부는 위험을 직감하고 순간적으로 "돼지!"라고 고함을 쳤다. 그런데 마침 지나가던 자동차의 운전자가 자기에게 욕설을 하는 것으로 알고, "야 이 XX야 너는 뭐 잘났어!"하다가 그만 멧돼지와 충돌해 대형 사고를 냈다. 운전자는 지시체를 잘못 안 것이다.

기호와 지시체의 문제를 깊게 연구하다보면, 결국 기호는 상징계를 대표하고, 지시체는 현실 세계, 즉 실재계를 대표한다는 사실에 이르게 된다. 인간이 여타 동물과 다른 점은 동물이 실재계에만 매여 살고 있는 반면 인간은 상징계와 실재계를 넘나들면서 살고 있다는 사실이다.

동물들은 '지금 여기'에 살기 때문에 과거에 대한 회한이나 미래에 대한 걱정 근심이 없다. 그들은 내일 무엇을 먹을지 걱정하지 않는다.[88] 그들의 신호체계는 기호체계와는 달리 오해를 야기하지 않는다.

그런데 상징계, 즉 기호의 세계에서 사는 사람들은 보통 들은 것을 이해하지 못한다. 위에서 그 비근한 예를 보았지만 일반적으로 그 누구도 다른 사람이 말하는 바를 이해하고 있다거나, 혹은 다른 사람이 나의 말을 이해하고 있다고 확신할 수 없다는 것이 문제다.

왜 그럴까? 그 이유는 실재계에서는 거의 언제나 지시체가 문제가 되기 때문이다. 무언가 진정 알기 위해서는 그것을 직접 경험하지 않으면 안된다! 친상기미(親賞其味)라, 수박 맛을 제아무리 잘 기술해도 먹어보지 않으면 알 도리가 없다. 아동교육의 대가 장 자크 루소는 이렇게 말한다.

"나는 말로써 설명하는 것을 좋아하지 않는다. 실물, 실

---

88) 모든 생물은 외부세계의 자극을 받아들이는 감수계(感受系)와 이에 대한 반응계(反應系)를 갖고 있다. 그런데 인간만이 유독 다른 동물처럼 단순히 물리적 세계 속에 사는 것이 아니라 상징계(象徵界)라는 고유한 차원에서 살고 있다. 언어, 신화, 과학, 예술, 종교 등 모두 이 상징계를 매개로 해서 인간 생활을 풍요롭게 만들어 왔으며, 그래서 '지혜로운 인간(Homo Sapiens)'이 된 것이다.

물, 나는 아무리 되풀이해도 과하지 않다고 생각한다. 우리는 너무 말에만 치중하고 있다. 말이 너무 많은 교육에서 우리는 결국 말만 잘하는 사람을 만들 따름이다."

사람들은 흔히 "아 그거 나 알아, TV(또는 신문)에서 봤어!"라고 말할 때, '안다'는 것은 그저 단어를 피상적으로 아는 것에 지나지 않는다. 이름(noun)을 아는 것은 사물을 아는 것이 아닌데, 사람들은 명칭을 알면 사물을 아는 것처럼 흔히 착각한다.[89]

앞에서 말했듯이, 사람들은 낱말에 결부된 사물보다 단어를 먼저 배우기 때문에 그들의 생각을 사물보다는 단어에 적용시키는 경우가 흔하게 벌어진다. 말하자면 '앵무새처럼' 소리만 낸다는 말이다. 그런데도 사람들은 자신들이 독자적인 생각을 표현하는 것으로 착각하고 있다.

이런 식으로 말하는 사람들은 그들의 생각을 사물보다는 단어에 적응시키는데, 이는 매우 중차대한 '물화'(reification)의 오류로 이어질 수 있다. 명칭을 아는 것은 사물을 아는 것이

---

[89] 가령, 천둥 번개가 왜 일어나는지에 대한 질문에, "아, 그건 공중전기의 작용이다!"라고 답변하면, 사람들은 '공중전기'가 무엇인지도 모르면서 알아들었다는 듯이 만족스러워 한다.

아닌데, 사람들은 명칭을 알면 마치 사물을 아는 것으로 착각한다. 특히 어린아이인 경우는 거의 예외 없이 그렇게 생각한다.

　무엇이든 제대로 이해하기 위해서는 경험이 필요하며, 인간은 자신이 체험한 것만 진정으로 '안다'고 말할 수 있다. 비코[90]는 "인간은 자신이 만든 것만을 알 수 있다.(Verum ipsum factum)"라고 말하였다. 『선문촬요』[91]는 가슴에 와닿게 갈파한다.

　　"문자를 통해 터득하는 이는 사물에 부딪히면 그만 눈앞이 캄캄해진다."

　여기에 '이름만 아는 것'과 '진짜 아는 것' 사이의 엄청난

---

90) Giambattista Vico(1668~1744) 이탈리아 철학자. 그의 『새로운 학문』(1725)은 우리말로도 번역되었다. 비코가 보기에 신은 스스로 이 세계를 창조했기에 이 세계에 대해 완전한 지식을 가지고 있다. 반면에 인간은 피조물이기 때문에 이 세계를 완전하게 알 수 없다. 따라서 인간의 인식조건은 인간 자신이 할 수 있거나 만들 수 있는 것만을 알 수 있다는 결론이 나온다. 여기에서 이 유명한 "verum factum"(진리는 사실이다)라는 명구(名句)가 나오는데 의역하면 인간은 자신이 만든 것만을 알 수 있다는 것이다. 이 말은 훨씬 나중에 수학에도 영향을 주어 이른바 구성주의(constructivism)의 도래를 예고한다.
91) 『禪門撮要』(1907) 조선 말기 경허 대선사가 편찬한 불교 선학 지침서.

IX 언어의 한계　207

차이가 있다. 누군가 말했듯이, 설령 장미를 다른 이름으로 부른다 할지라도 장미는 여전히 장미향을 풍길 것이라고! 다른 말로 하자면, "낱말 즉 기호는 사물이 아니다."라는 것이다. 르네 마그리트(René Magritte)는 이 사실을 멋지게 세상에 알렸다.

캔버스에 파이프를 그려놓고는 천연덕스럽게 프랑스어로 "이것은 파이프가 아니다."라고 선언한다. 파이프를 그려놓고 파이프가 아니라니! 당황해 하는 관객에게 그는, "이게 파이프라면 한번 잡고 담배를 피워 보시죠?"라고 말했다고 한다. 바로 기호-지시체의 문제다!

열차 여행 중, 〈게르니카〉로 유명한 피카소(Pablo Picasso,

1881~1973)를 알아본 옆 좌석의 승객은 현대의 추상예술이 실재(實在, reality)를 왜곡한다고 불평했다. 그러자 피카소는 그에게 무엇이 실재인지 그 본보기를 보고 싶다고 말했다. 그 승객은 지갑에서 사진 한 장을 꺼내며, "바로 이거요! 진짜 사진이죠. 내 아내와 정말 똑같은 사진이오."라고 자신있게 받아쳤다. 피카소는 그 사진을 주의 깊게 들여다보고 나서, "당신 부인은 정말 작군요, 게다가 납작하네요!"라고 응수했다.

일찍이 『주역』은 "서불진언 언불진의(글은 말을 다하지 못하고, 말은 뜻을 다하지 못한다.)"고 하였다. 인간 언어는 경험을 전달하는 데 얼마나 미비한가? 이런 문제의식을 가지고 코지프스키(A. Korzybski, 1871~1950)는 '일반의미론'을 창시했는데 그 핵심은 "지도는 영토가 아니다."는 것이다. 수박을 한 번도 먹어보지 못한 사람에게 수박 맛을 아무리 설명해 봤자 헛수고에 가깝다. 라즈니쉬는 『달마』에서 이렇게 말한다.

깨달은 사람은 그것이 말로 표현되는 순간 혼란만 일으킨다는 것을 안다.(p.95.)

그래서 예로부터 "아는 자는 말하지 않고, 말하는 자는 알지 못한다(之者不言 言者不知)."고 하지 않았던가. 깨달음은 표현될 수 없는 것이다. 지식은 전달할 수 있지만, 지혜는 전달할 수 없다. 불교에서도 이심전심(以心傳心), 교외별전(敎外別傳)[92], 불립문자(不立文字)[93], 염화시중(拈花示衆) 등 말이나 글에 의지하지 않고 마음에서 마음으로 전하는 것의 중요성을 강조한다.

언무전사 言無展事	말로써 일을 밝힐 수 없고,
어불투기 語不投機	말로써는 투기할 수 없고,
승언자상 承言者喪	말을 그대로 따르는 자는 잃게 되고,
체구자미 滯句者迷	글귀에 매달리는 자는 우매한 자이다.

- 동산수초(洞山守初, 910~990)스님

그런데 왜 많은 사람들이 글을 쓰는가?

---

92) 참선 수행으로 깨달음을 얻는 것을 중요시하는 선종(禪宗)에서는 말이나 문자를 쓰지 않고 마음으로써 심원한 뜻을 전해준 것을 뜻한다.
93) 문자로는 세울 수 없다. 즉 진리는 말이나 글로써 전할 수 없다.

글을 쓰지 않을 만한 인품을 갖추지 않았기 때문이다.

- 칼 크라우스

모리스 마테를링크[94]는 이렇게 말한다.

이른바 우리가 진정으로 말해야 할 것이 생기는 순간 우리는 침묵하지 않을 수 없다.

이런 침묵은 말로 표현할 수 있는 그 어떤 것보다 더 위대한 가치를 갖는 '신성한 침묵'이다.

그리고 황산소다를 만드는 과정을 단지 말로만 기술해 놓았다면 화학은 진보할 수 있었을까? [95]

언어의 한계를 극복하기 위해 성경은 우화의 방법을, 시인은 은유를 활용한다. 보통 사람들은 몸짓, 표정, 눈 맞춤, 강조, 휴지와 같은 언어 외적 장치들을 동원한다. 바로 여기

---

94) Maurice Maeterlinck(1862~1949) 『파랑새』로 널리 알려진 벨기에 극작가. 필자는 이 책의 두 주인공 '치르치르'와 '미치르'를 잘 알고 있는 세대에 속한다.

95) $2NaCl + H_2SO_4 \rightarrow Na_2SO_4 + 2HCl$ 이런 사정은 수학에서도 마찬가지이다. 수학은 전적으로 자기충족적(self-fulfilling) 체계로써 언어와는 독립적이다.

에 교육학적으로 중요한 교훈이 들어 있다. 〈모나리자〉를 본 적이 없는 사람이 그저 작가가 레오나르도 다빈치라는 것만 안다고 할 때 그는 진정 알았다고 할 수 있을까? 〈합창〉을 들어본 적도 없으면서 작곡가가 베토벤이라는 것만 알고 있을 때, 그는 진정 알았다고 할 수 있나?

사전에 오르가슴이란 '섹스가 끝날 무렵에 도달하는 성적 흥분의 절정'이라고 정의되어 있다. 이를 경험해 보지 못한 사람에게 그런 정의가 무슨 의미가 있겠는가?

흔히 언어를 '양날의 칼'이라고 한다. 상대방에게 위험할 뿐만 아니라 나에게도 위험하다는 뜻이다. 사회생활을 위해 언어는 필수적인 도구지만 머리로만 알고 경험적으로 무지하다면, 언어는 오히려 소통의 장애가 될 수도 있다. 종범 스님[96]이 20대 초반에 통도사 강원의 학인 시절 경봉 큰스님[97]께서 오셨다는 소식을 듣고 한걸음에 달려가 질문을 한다.

종범 : "진여는 뭐고 열반은 무엇입니까?"

---

96) 한국 불교계의 손꼽히는 학승. 뛰어난 법문으로 많은 불자들을 감화시키고 있다.

97) 어머니의 죽음으로 인생 무상함을 느껴 16세에 출가. 1927년 '이뭣고' 화두를 참구하다 개오하여 대자유를 획득했다고 한다.

큰스님: "야야, 말 배우는 사람 되지 마라! 학어자(學語者)
가 되지 말란 말이다."

이 대답을 듣고 종범은 큰 충격에 빠진다. 그때까지만
해도 우리나라 교육은 말을 말로 해석하는 가르침이 주류
였기 때문이다.

진리는 말이 아니다.

그런데 사람들은 말로 배운 것을 진리를 배운 걸로 착각
한다. 예를 들자면, 죽음이란 체험이지 말이 아니다. 설령
죽음에 대해 100권의 책을 썼다 할지라도 정작 죽음이 닥
치면 허둥댄다.

그러면 말은 필요 없는가? 그렇지는 않은 것이, 말을 통
해 추체험(追體驗)을 할 때 또는 진리를 깨달을 때 말은 촉
매 역할을 한다. 이때 머리로 이해하는 의해(義解)가 아니
라 가슴으로 이해하는 지해(知解)를 해야 한다.

이제까지의 논의를 통하여 우리의 학교 교육이 얼마나
말 위주의 교육이었는지 통감하지 않을 수 없다. 교사는
말만 가르치고 사물에 대해서는 아무것도 이해시키지 못

한다.

　가령 어린이는 강이나 산의 이름을 배우지만 실제로 그
것들이 어디에 어떻게 존재하는지 전혀 알지 못한다. 눈을
통해 보는 산은 천차만별이지만 언어로써의 산(山)은 고정
되어 있다. 물론 여기에는 불가피한 면이 없지 않다. 그 모
든 산이나 강을 다 찾아다닐 수는 없는 노릇이다. 문제는
이름만 알면 마치 다 아는 것처럼 생각하는 우리의 고질병
에 있다.

나오면서

인류는 언어의 힘으로 놀라운 문명과 문화를 이룩하였다. 인간이 여타 동물과 구분되는 가장 현저한 특징으로 언어를 꼽는데 이의를 제기하는 사람은 없다. 그래서 인간을 '말하는 인간(Homo loquens)'이라고도 정의한다. 인간은 왜 말을 하는가? 우리는 첫 장(章)에서 야콥슨의 이론을 토대로 이 의문에 대한 답변 요소들을 소개한다.

언어는 흔히 대양(大洋)에 비유되며 다층(多層) 구조를 이루고 있다. 어느 층을 탐구하느냐에 따라 전혀 색다른 경관이 펼쳐진다. 이 책은 언어학의 모든 분야를 섭렵하지만, 각 층에서 저자가 흥미를 느끼는 몇몇 주제를 취급하는 것으로 한정하였다. 주제들의 선정 근거는 인간학의 관점에서 언어 내지 언어학으로부터 배울 수 있는 실천적 지식을 도출하자는 것이다.

I장에서 우리는 표준적으로 인정되는 말의 6가지 기능에 한 가지 기능을 추가하였다. 수다는 위험하고 해로울 수도 있다. 동서고금의 성현들이 그렇게도 말조심을 당부했지만 억누를 수 없는 것이 '말하는 즐거움'이다. 친구 간의 교제에 없어서는 안될 통풍장치로써 우울증과 스트레스를 한 방에 날릴 수 있는 것이 '수다의 힘'이다.[98]

짐작하는 바처럼 필자는 개인들 간의 사적인 수다에는 관대한 편이지만, 공적인 잡담에 대해서는 부정적이다. 우리나라 TV에는 왜 그리도 잡담 프로그램이 많은가? 피상적인 말과 상투적 표현 그리고 진부한 감탄은 하이데거(Heidegger)에 의하면 일상에 매몰된 '퇴락(Verfallen)'이다.

II장은 음성학, 음운론, 형태론에 관한 장이다. 음성학은 구체적으로 실현된 음성들을 연구한다. 음운론은 의사소통 체계 내에서 기능(function)이라는 관점에서 언어의 음성을 연구하는 분야이다.

형태론은 의미의 최소 단위인 형태소(morpheme)를 통하여 단어(word)의 구조를 규명한다. 음성학이나 음운론은 다른 분야에 성공적으로 응용되었으나, 형태론의 경우 아직

98) 성욕, 식욕과 더불어 우리는 기꺼이 '수다욕'을 인간의 본능 중 하나로 꼽고 싶다.

보고된 바는 없다. 필자의 직관으로는 머지 않은 장래에 언어 외 다른 영역에서 예상하지 못한 응용사례가 나올 것으로 기대된다.

III장은 어휘론을 제한적으로 취급하는데, 이는 언어의 메커니즘을 이해하기 위한 기초 체력 단련 과정으로 보면 된다.

어휘의 힘은 막강하다. 낱말 하나하나는 들판을 송두리째 태워 버리는 성냥개비와 같다. 카를 마르크스는 '노동'이라는 용어를 천착해서 세계를 반(半)으로 갈라놓았다! 디드로[99]의 백과사전이 프랑스혁명에 결정적 역할을 했다는 것은 잘 알려진 역사적 사실이다. 이토록 중요한 낱말이 심지어 동일한 문화적 배경을 가진 사람들 사이에서조차도 조금씩 다른 의미를 가지고 있으니, 매우 다른 역사적, 사회적, 종교적 배경을 가지고 있을 때 의미의 차이는 심각할 정도로 커진다.

IV장은 세계에 존재하는 3~4,000개의 언어에서 우리가 보기에 공통적으로 보이는 특성들을 취급한다. 여기에서 개별 언어의 통사론을 다룰 수는 없기에 나온 대안이다.

---

99) Denis Diderot(1713~1784) 프랑스의 대표적 계몽사상가. 『백과전서』 (1751~1780)의 편집·발행자.

여기에서 우리는 특히 인간 언어의 창조성에 초점을 맞추었다. 그 비밀은 회귀성(recursivity)과 조합술(combinatory)에 있음을 밝혔다. 이 두 가지 '비밀 병기' 덕분에, 언어는 단순히 이미 알려진 지식을 표현하는 수단을 훨씬 넘어 이제까지 알려지지 않은 새로운 지식을 탐구하는 방법론이 된다는 점을 강조하였다.

다시 한번, 언어는 현실을 묘사하는 차원에만 머무르는 것이 아니라 새로운 현실을 축조(construction)한다. 독일의 철학자 립스(Theodor Lipps, 1851~1914)는 현실을 형성하는 이런 언어의 능력을 '말의 힘(Potenz des Wortes)'이라고 했다.

그리고 언어학이 경험과학의 차원을 넘어 실험과학으로 도약한 것은 언어를 대상으로 한 실험 덕분이었다. 실험은 문장의 다른 요소들은 변함없이 유지하면서 하나의 현상만 분리해낼 수 있는 강력한 방법이다.

개별 언어는 세계를 그 나름대로 해석하는 하나의 이론이다. V장에서 다루는 사피어-워프 가설은 그래서 중요하다. 이 점을 이해한다면 괴테가 왜 "외국어를 모르면 모국어도 모른다."고 갈파했는지 고개가 끄덕여질 것이다. 자연과학에서도 측정(measure)이란 결국 비교를 하기 위한 것이다.

Ⅵ장은 의미를 취급하는데, 무엇보다도 낱말은 대상에 대한 추상화이며, 문장은 사실(fact)에 대한 추상화라는 점을 잊지 말자.

우리는 여러 의미론 중에서 비트겐슈타인의 '그림 이론'을 소개한다. 언어의 의미를 설명하기에는 협소하다는 비판을 받았지만, 언어의 정보적 기능이라는 관점에서는 가장 탁월한 이론이라고 믿기 때문이다. 의미론이 정보이론이라고 한다면 화용론(Ⅶ)은 소통이론에 해당한다. 즉 표상의 언어에서 추리의 언어로의 전이가 이루어진 셈이다.

발언자의 '의도'와 그가 한 말 자체가 의미하는 바 사이에는 불가피하게 간극이 생기기 마련이다. 좀 과장해서 말하자면, 말을 하는 사람이나 듣는 사람은 제각각 바다 괴물 스킬라(Scylla)와 지나가는 배를 침몰시키는 괴물 카리브디스(Charybdis)앞의 오디세우스(Odysseus)와 같다.

"잘 한다!"는 말은 사용 맥락에 따라 비양거림일 수도 있고 칭찬일 수도 있다. 이렇듯 한 표현의 의미는 맥락 의존적으로 결정된다.[100] 원활한 소통을 위해서는 단어나 문장

---

100) 다음은 한비자의 세난편(說難編)에 나오는 대목이다.

다른 사람을 설득하는 일이 어렵다는 것은 자신의 지식을 가지고 설명하여 상대를 설득하기가 어렵다는 말이 아니다. 또한 말과 논리로

의 사전적 의미를 아는 것만으로는 부족하다. 어떤 상황에서 그런 표현을 사용해야 할지 알아야 한다. 어쩌면 사람의 수만큼 화용론이 필요할지도 모른다. 신은 모든 사람 안에 있다고 하지 않는가. 화용론은 이러한 문제의식에서 출발하는 학제적 접근(interdisciplinary approach)이 필요한 연구 분야이다.

수행문(performative sentence)을 통해 우리는 언어의 현실 형성력에 이어 또 하나의 '말의 힘(power of words)'을 발견하

자신의 뜻을 충분하게 밝히기가 어렵다는 말도 아니다. 또한 대담하게 말과 논리를 펼쳐 자신의 능력을 맘껏 발휘하기가 어렵다는 말은 더욱 아니다. 다른 사람을 설득하는 일이 어렵다는 말은 설득하고자 하는 상대방의 본마음을 알아, 자기의 의견을 그 마음에 얼마나 맞출 수 있느냐에 있다고 할 수 있다. 설득하려는 상대방이 고결한 말로 명예와 명성을 떨치는 일을 좋아함에도 불구하고, 정반대로 그에게 많은 이익을 추구하는 길을 이야기한다면, 뜻이 낮은 사람이라 여겨 비천(卑賤)하게 대우하고 반드시 멀리 내쫓을 것이다. 또 설득하고자 하는 상대방이 많은 이익을 좇아 얻고자 하는 마음을 품고 있는데, 정반대로 그에게 명예나 명성과 관련한 고결한 말만 꺼낸다면, 이쪽을 마음이 비어 세상 물정에 소홀하다 생각하고 반드시 받아들이지 않을 것이다. 또 설득하려는 상대방이 속마음은 많은 이익을 얻고자 하면서도 겉으로는 명예와 의리를 내세워 고결한 척하고 있는데, 거기에다 명예에 대한 말만 늘어놓게 되면 겉으로는 그 의견을 듣는 체하지만 실제로는 멀리하는 것이다. 그와는 반대로 많은 이익을 얻을 수 있는 방법을 설득하면, 그 상대방은 이쪽의 의견을 채용하면서도 겉으로는 자신의 속마음을 들키지 않으려고 한다. 이 때문에 결국 설득하는 사람을 버리고 만다. 이와 같이 다른 사람을 설득하는 일은 매우 어려운 것이므로 잘 살피지 않으면 안 된다.

는 계기를 검토하였다. 한번 내뱉은 말은 감옥과 같은 구속력을 지닌다. "사랑해요!"라고 한 마디가 일단 입에서 떨어지면 지금까지 유동적이고 불확실했던 두 사람의 관계가 완전히 새로운 양상을 띠게 된다. 인생이 바뀌는 것이다!

비트겐슈타인 전기 사상은 라이프니츠가 이미 개척한 분야이다. 그는 이상적인 언어(ideal language)를 계산 체계(calculus system)로 보았다. 이는 극단적인 이성주의로써 언어가 명백한 개념들로 이루어지고 추론을 지배하는 규칙들이 분명하게 밝혀져 있는 체계라는 것이다. 형식화(formalisation)의 열풍은 여기에서 비롯된 것이다. 비트겐슈타인 후기 사상도 이미 비코(Vico)[101]에 의해 개진되었다. 자연언어는 점진적으로 성장해온 것이라고 보는 한편, 이를 형식화하는 모든 시도를 거부하는 입장이다.

누군가 인류가 최초로 발(發)한 문장은 의문문일 것이라고 추정했다. 언어학은 아직 '의문문의 논리'를 정립하지 못하였다. VIII장에서 우리는 '좋은 질문'이란 어떤 것인가에 대해 초점을 두었다. 무엇보다도 질문은 사람들로

101) 잠바티스타 비코(Giambattista Vico, 1668~1744) 이탈리아의 철학자. 『새로운 학문』(scienza nuova, 1725)의 저자.

하여금 생각하게 만든다. 모든 의문문은 생각을 자극시킨다. 즉, 전에 모르던 새로운 것을 구상하고, 끊임없이 새로운 것을 추구하게 만든다. 그래서 긍정적 질문이 중요하다. 그리고 질문을 던지는 것 자체가 상대를 (자신이 원하는) 틀에 가두는 것이 된다. 여기에서도 질문을 던지는 양태 (manière)가 결정적이어서, 노련한 또는 교활한 사람들은 자신들이 원하는 답변을 수월하게 얻어낼 수도 있다.[102]

질문자의 의도를 헛짚으면 동문서답이 나올 수밖에 없다. 그래서 내 멋대로 해석하지 말고, 자신이 해석한 바를 확인하는 절차가 반드시 필요하다. P라는 질문을 내가 P'로 이해했다면, 다음과 같이 되묻는 것을 재구성 (reformulation)이라고 한다.

당신의 말은 P'를 의미하는 것입니까?

면접이나 인터뷰에서 동문서답하는 경우를 적지 않게 보게 되는데, 이런 일이 취업 인터뷰에서 벌어진다면 불이익을 감수해야 할 것이다. 이밖에, 세상에는 무례한 질문

---

102) 그래서 우리는 여론조사를 믿지 않는 경향이 있다.

들이 넘쳐나서 꺼내고 싶지 않은 프라이버시에 관한 사항을 예사로 묻는 경우를 볼 수 있는데, 화용론은 이런 경우에도 대비책을 마련해준다.

창조적인 인재를 기르는 유대인의 전통적 교육법 하브루타(Havruta)란 친구를 의미하는 히브리어 하베르에서 유래한 용어로, 학생들끼리 짝을 이루어 서로 질문을 주고 받으며 논쟁하는 유대인의 토론 교육 방법이다. 일찍이 담헌 홍대용[103]은 "내 질문의 크기가 내 존재의 크기다."라고 했다. 대답 못지않게 새로운 질문을 만들어 내는 것은 인간 고유의 영역이다. 로봇은 대답만 할 뿐 질문하지 않는다! 훌륭한 결정을 내리려면 무엇보다도 질문하는 능력을 개발해야 한다. 주어진 상황을 파악한 후에는 반드시 예리한 질문을 던질 줄 알아야 한다.[104]

마지막 장(IX)에서는 언어의 한계를 다룬다. 말은 힘이 세다. 사람을 울릴 수도 있고 웃길 수도 있다. 아니 나아가서 생사여탈까지 주도할 수도 있다. 그러나 언어는 '양날의

---

103) 홍대용(1731~1783) 조선의 실학자. 지구가 스스로 한 바퀴 돌아서 낮과 밤이 생긴다는 지전설(地轉說), 우주무한론(宇宙無限論) 등 대담하고 독창적인 이론을 주장했다.

104) 그래서 경청이 중요하다. 많은 사람들이 상대방을 이해하기 위해 듣는 것이 아니라 반박하기 위해 듣는다. 그래서 '감정이입적 경청'이 필요하다.

칼'이다. 언어 덕분에 인류는 찬란한 문화를 만들어 왔고, 그에 부수적으로 엄청난 물질적 풍요를 이루어 냈다. 그러나 단지 언어적인 자극만으로도 사람들은 공포와 분노에 사로잡히게 할 수도 있다.[105] 우리가 언어의 작동 원리를 모르고 단지 사용만 한다면 언어가 오히려 우리를 부릴지도 모른다! 언어가 지적 나태의 세이렌(siren)일 뿐 아니라 우리의 사고를 잡아가두는 감옥이 될 수도 있다는 말이다.

우리는 두 차원에서 언어의 한계를 고찰하였다. 첫째로, 우리가 **'대화의 엔트로피 원리'**라고 명명한 원리에 의하면, 기표 - 기의 관계[106]의 자의성에 의하여 해석은 언제나 열

---

105) 어렸을 때 '귀신' 이라는 말만 들어도 벌벌 떤 경험이 없는 사람이 있을까? 말에는 최면효과가 있다.

106) 기표-기의 관계는 실생활에서도 유용하게 응용될 수 있다고 우리는 생각한다. 우리에게 다가오는 온갖 사건들을 기표로 간주해보자. 중요한 도약이지만 이제까지의 논의를 바탕으로 이해 가능한 가정이다. 여기에서도 기의의 문제가 필연적으로 제기된다. 하나의 사건에 대한 기의는 무엇인가? 그것은 사건에 대한 당사자의 해석이다. 그리고 모든 반응은 이 해석으로부터 나온다. 여기에 바로 우리가 유의해야 할 교훈이 담겨 있으니, 그리스의 현인 에픽테투스는 이렇게 말한다.

우리를 혼란시키는 것은 우리에게 일어난 사건들이 아니라 그것들의 의미에 대한 우리 자신의 해석이다.

프랑스의 현인 몽떼뉴도 이러한 진실에 공감한다.
인간은 일어나는 일에 의해서가 아니라 일어난 일에 대한 자신의 생각에 의해서 더 큰 상처를 입는다.

려 있다.[107] 거기에 덧붙여서 윅스퀼의 '환경세계이론'을 소개하고, 각기 단독자로서 사람 간의 소통의 어려움을 설명하였다. 말은 말하는 사람의 의도 이외의 것을 전달할 수 있는 가능성을 언제나 지니고 있다. 자신의 생각을 정확하게 표현하는 것은 쉬운 일이 아닐뿐더러 우리는 자주 다른 사람의 생각을 잘못 해석한다. 이런 일은 언어가 인간관계에서 갈등의 요인으로 작용할 때 언제든지 발생한다. 말은 폭력의 대체물로는 축복이지만, 폭력을 야기시킬 수도 있다는 점에서 저주다. 한마디로 말은 약이면서 동시에 독이 되는 파르마콘(pharmakon)이다.

그래서 말보다 눈이 더 정직하고, 귀보다 심장이 더 정직한 법이다. 눈으로 말하고 마음으로 들으라는 말이다. 머리로 이해하는 차원을 넘어 지혜의 마음으로 이해할 줄 알아야 한다.

진짜 적은 상대방이 아니라 화나고 상처받은 내 감정이다! 불가에서, "두 번째 화살을 맞지 마라!"는 이를 경계하는 말이다.

107) 이는 뢰벤하임-스콜렘 정리(Lowenheim-Skolem Theorem)에 의해서도 엄밀하게 증명된 바이다. 이 정리를 어렵지 않게 설명하자면, 하나의 문장에 대해 논리적으로 동일한 다양한 해석이 존재할 수 있다는 것이다. 결국 우리는 "書不盡言 言不盡意(글로는 말을 다 할 수 없고, 말로는 뜻을 다 할 수 없다.)"라는 고대의 지혜로 되돌아온 셈이다. 하늘 아래 새로운 것은 없다고 전도서는 말하지 않던가!

둘째는 말과 사물의 관계에서 본 관점이다. 정적이고 불연속적인 언어와 동적이고 연속적인 실제 세계는 근본적으로 다르다. 이것이 바로 발터 벤야민[108]이 시적으로 표현한 진실이다.

언어가 자연에 부여될 때 모든 자연은 탄식하기 시작한다.

실제의 나무는 '나무'라는 단어로 온전하게 다 표현할 수 없다. 실제의 하늘은 '하늘'이라는 단어로 온전하게 다 나타낼 수 없다. 요컨대 '사물'은 '말'이 아니다. 좀 심하게 말해서 언어는 사물을 살해한다! 말은 말이 가리키는 실재를 경험한 사람에게만 의미가 있는 것이다. 즉 사물은 기표에 의해 대리되면서 그 속으로 사라진다. 또 다른 말로 하자면, 언어는 이를테면 달을 가리키는 손가락일 뿐이다. 방편에 불과하다는 말이다.

언어라는 수단을 통해 모든 생각을 다 표상할 수는 없다는 평범하면서도 간과하기 쉬운 진실을 잊어서는 안 된다.

---

108) **Walter Benjamin**(1892~1940) 유대계 독일인으로 문예평론가이자 언어철학자, 『복제기술시대의 예술작품』에서 그의 사상의 진수를 읽을 수 있다.

언어는 실용성을 위주로 만들어진 도구이기 때문에 일상적인 일들은 표현이 가능하지만, 본질적이고 위대한 것은 언어를 초월한다.

언어의 해상도(解像度, resolution)[109]는 인식의 해상도보다 낮다. 사막을 며칠이나 헤맨 끝에 마시는 물맛이라든가 수박 맛과 같은 익숙한 경험조차도 말로 표현하는 일은 불가능하다. 열대 지방의 아이에게 눈(雪)을 설명할 수 있을까? 그래서 "나는 매일 언어의 벽에 머리를 부딪쳐 피투성이가 되곤 한다."는 비트겐슈타인의 절규가 나오는 것이다. 언어, 특히 모국어는 지적(知的) 나태의 전형적 사례이자 사고(思考)가 그 안에 잡히는 덫이 될 수도 있다는 사실을 적나라하게 표현한 말이다.

생생한 경험이 갖는 직접성과 구체성에 비하면 인간의 언어는 지극히 추상적인 것이다. 나만의 독특한 주관적 경

---

109) 컴퓨터 그래픽의 용어로써 화면에서 이미지의 정밀도를 가리키는 지표이다. 단위로는 1인치당 몇 개의 픽셀(pixel)로 이루어졌는지를 나타내는 ppi(pixel per inch)를 사용한다. 픽셀의 수가 많을수록 고해상도의 깨끗하고 선명한 이미지를 얻을 수 있다. '언어의 해상도'란 언어로 표현 가능한 영역 내지 개념을 의미하는 비유적인 표현이다. 가령, 수학이나 물리학에서는 수많은 기호가 쓰이는데, 언어로 표현할 수 없는 개념들이 등장하기 때문이다. 언어의 논리에 어느 정도 익숙한 학생들이 어려움을 느끼는 이유이기도 하다.

험을 언어라는 공유재로 표현하는 일은 때로 암묵지(tacit knowledge)를 표현하려는 시도에 버금갈 수 있다.

정적(static)이고 불연속적인 언어는 동적(dynamic)이고 연속적인 실재와는 근본적으로 유리된 것이어서 불가피하게 사각지대가 생기기 마련이다.

아무리 언어를 잘 사용하여도, 말과 글이란 매개체에는 허점이 있기 마련이다. 언어는 근본적으로 다양하기 그지없는 삶의 형태(Lebensform)내지 생활양식에 의존하기 때문에 더욱 그러하다. 그래서 아무리 주의 깊고 신중한 사람일지라도 다른 사람의 말과 글을 오해하기 쉽다. 다시 한번, 언어는 의사소통의 완벽한 기관(organum)이 아니다.

철학을 가르치는 이들이 모두 철학자는 아니다. 철학자라는 명칭은 오직 앎을 행동으로 실천하는 이들에게만 주어져야 한다. 순전히 책으로만 쌓은 지식은 모래 위에 쌓은 성처럼 쉽게 허물어진다. 언어 자체는 실천과 무관하기 때문이다. 때로 농부가 철학자보다 훨씬 더 현명할 수도 있는 법이다. 그러기 위해서는 머리로만 이해하는 차원을 넘어 마음으로 그리고 온몸으로 느껴야 한다. 그때 비로소 말로 배운 지식은 산지식이 될 것이다.

비트겐슈타인의 말과 마찬가지로 "나의 언어의 한계는

곧 나의 세계의 한계"[110]인 것이다. 언어의 메커니즘에 대한 통찰이 없다면, 언어와 불가분리의 관계에 있는 인간 정신에 대한 우리의 지식도 피상적인 수준에 머무를 수밖에 없다.

---

110) "Die Grenzen meiner Sprache bedeuten die Grenzen meiner Welt."
그 역(逆)도 성립한다고 본다: "나의 세계의 한계는 곧 나의 언어의 한계다."

부록

라이프니츠
(1646~1716)

I. 정신은 어떻게 작동하는가?

1. 정신의 세 가지 기능

① 개념화 내지 파악(把握)

정신에 의해 생성되는 일체의 것을 관념이라고 할 때, 관념들 중에서 사회적 합의를 통해 정식화되어 재사용할 수 있는 것을 개념(concept)이라고 한다. 그러니까 개념이란 사물에서 개별적인 차이나 우연적인 것을 버리고 공통적인 속성을 골라낸 것이다. 하나의 개념은 외연(extension)과 내포(intension)로 이루어진다. 그래서 '강(江)'이라는 개념의 외연적 정의는 우리나라의 경우, {한강, 금강, 영산강, 낙동강…} 이 될 것이고, 내포적 정의는 {일정한 여정을 거쳐 바다로 빠지는 물의 흐름} 정도가 되겠다.

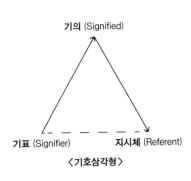

〈기호삼각형〉

하나의 개념은 단어 내지 용어로 표현된다. 단어는 언어적 기호체계 중에서 {접사를 제외하고} 의미의 최소 단위로 보면 무난하다. 그런데 모든 기호

(sign)는 기의(記意, signified)와 기표(記標, significant)로 이루어진다.[111] 내가 '바위'라고 흑판에 쓴다든가 또는 '바위'라고 발음하면 그것이 바로 기표가 된다. 이때 여러분의 머리에 떠오르는 영상(image)이 있는데 그것이 기의이다. 그러니까 기의란 그 단어의 뜻으로 이해하면 되겠다.

지성(知性)을 정의할 때, 각 개인의 가용한 어휘 수를 기준으로 삼는 학자도 있다. 그 정도로 우리가 활용할 수 있는 단어의 집합은 중요하다. 적시 적소에 한마디 말을 촌철살인이라고 하지 않던가. 문제는 기표와 기의의 관계가 자연적이거나 필연적인 것이 아니라 자의적(arbitrary)이라는 데에 있다. 예컨대, '나무'라는 기표는 언어에 따라 '목(木)', 'arbre', 'baum', 'tree' 등 다양하지만 그 기의는 동일하다.

여기에 문제가 있다. 모국어의 경우 우리는 아주 어렸을 적부터 엄청난 어휘(기표)를 접했지만 그때마다 뜻(기의)에 대해서는 어림짐작으로 추측해왔다. '한나절'[112], '섣달그

---

111) 기표를 시니피앙(signifiant), 기의를 시니피에(signifié)라고 부르는 것이 일반화되었다.
112) 해가 지기 전까지의 낮의 절반으로 6시간 정도를 의미한다.

믐'[113], '곱새기다'[114], '곰살궂다'[115], '감칠맛'[116] 등 친숙한 어휘를 주위 사람들에게 물어보았더니 그 뜻을 정확하게 알고 있는 사람은 드물었다. 그래서 자신이 알고 있다고 생각되는 용어를 찾아가며 사전을 통독한다면 큰 이득이 될 것이다.

짚고 넘어가야 할 사안은, 대화가 논쟁으로 변질되는 경우이다. 대화는 감정을 이입해서 상대방을 이해하려고 노력하는 반면에, 논쟁은 내가 얼마나 옳고 네가 얼마나 그르냐를 따지는 것이다. 무릇 이해관계가 상충되는 경우가 있겠지만, 이외에도 뜻도 모르고 용어를 함부로 쓰는 우리의 습관에도 그 원인이 있지 않을까? 그래서 토론에 앞서 용어의 정의에 대한 합의가 분명히 이루어져야 한다.

다음으로 기호와 지시체의 관계를 다룰 차례이다. 하나의 용어는 의미(sens)와 더불어 지시체(referent)를 갖는다. 예컨대 '별'에 대한 지시체는 수성, 금성, 화성 등이다. 이것은 고전 논리학의 외연(外延)에 상응하는 것이다. 일생에서 접하는 보통 명사들은 대개 지시체가 있기 때문에 문제

---

113) 음력으로 한 해의 마지막 날.
114) 그릇되게 꼬아 생각하다.
115) 부드럽고 친절하고 세밀함.
116) 사람의 마음을 끌어당기는 힘.

될 것이 없다. 문제는 '황금산', '보물섬', '토끼 뿔', '거북 털' 처럼 지시체가 없는 경우이다. 물리학에서 말하는 '쿼크' 나 '블랙홀'도 개념적 구성물이기 때문에 이들의 존재를 규명하려는 시도는 추론에 의할 수밖에 없다. 종교에서 말하는 천당, 지옥, 마귀와 같은 대상들은 그 실재여부가 근본적으로 중요한 개념적 구성물인데, 이들은 경험할 수 있는 지시체를 가질 수 없으므로 그토록 다양한 주장들이 설왕설래(說往說來)한다고 볼 수 있다.[117]

② 판단(判斷)

개념들은 고립해서 존재하지 않고 서로 결합해서 명제를 만든다. 판단이란 이 명제가 사실인지 아닌지 확인하는 것을 말한다.

고래는 포유류이다.

지구는 둥글다.

---

117) 지시(reference) 문제에 관심을 갖는 독자는 이 분야의 고전인 버트런드 러셀의 「On Denoting」(1905)과 프레게의 「Über Sinn und Bedeutung」 (1892)을 참고할 것.

판단은 명제에 의해 표현된다. 개념 S(subject)와 이에 대해서 언급하는 P(predicate)가 결합해서 하나의 명제, "S is P"가 만들어진다. 이런 명제는 '정언명제(定言命題)'라고 부르는데 모두 네 가지가 있다.[118]

A (전칭긍정) : 모든 S는 P이다.

I (특칭긍정) : 어떤 S는 P이다.

E (전칭부정) : 모든 S는 P가 아니다.

O (특칭부정) : 어떤 S는 P가 아니다.

이런 종류의 명제에는 이른바 진리값(참/거짓)이 부여되는데, 참/거짓이 세계(경험)에 의존하는 명제는 '종합적 판단'이고, 참/거짓이 의미에만 의존하는 명제는 '분석적 판단'이라고 한다.

분석적 판단 : 총각은 결혼하지 않은 성인 남자이다.

종합적 판단 : 저 총각은 키가 크다.

---

118) 긍정이라는 뜻의 'affirmo'에서 A와 I를, 부정이라는 뜻의 'Nego'에서 E와 O를 따왔다.

정언명제 외에 아주 중요한 종류의 명제가 있는데 가언명제(假言命題), 즉 조건문이다.

"만약 p이면, q이다. (if p, then q)"

여기에서 p와 q는 임의의 명제를 가리키는 기호로써, 명제변항(propositional variable)이라고 부른다. x, y, z를 수학에서 변수(variable)라고 부르는 것과 같은 이치이다. 정언명제와 가언명제는 이어서 취급되는 정신의 세 번째 기능인 추론에서 자료 역할을 한다.

③ 추론(推論)

두 개의 판단을 이용하여 세 번째 판단을 이끌어내는 과정이 추론이다. 추론의 대표적인 사례는 약방의 감초격인 삼단논법(syllogism)이다.

모든 사람은 죽는다.

나는 사람이다.

∴ 나는 죽는다.

명제는 참/거짓의 진리값이 주어지는데 반해 추론의 경우에는 타당한지 부당한지가 관건이다. 위의 추론은 타당한 추론이다. 앞서 소개된 가언명제가 관여하는 삼단논법도 있는데, 하나의 가언명제와 하나의 정언명제로 구성되고 모두 네 가지 종류가 있다. 이 중 가장 중요한 것이 전건긍정(modus ponens)이다.

모든 이등변 삼각형은 두 밑각이 같다.

이 삼각형은 이등변 삼각형이다.

∴ 이 삼각형의 두 밑각은 같다.

여기에서 수학의 예를 든 것은 우연이 아니다. 대부분의 수학적 추론은 전건긍정에 의해 이루어지기 때문이다. 또 다른 타당한 추론은 후건부정(modus tollens)이다.

만약 이 용액이 산성이면, 리트머스 시험지가 붉게 변한다.

리트머스 시험지가 붉게 변하지 않는다.

∴ 이 용액은 산성이 아니다.

대부분의 과학적 추론은 후건부정에 의해 이루어진다는

점을 유념하자. 나머지 두 가지 추론, 전건부정과 후건긍정은 타당한 추론이 아니다. 결론적으로, 우리의 정신은 우선 대상을 파악하고, 그 대상에 대해 판단하고 이어서 추론을 이어 나간다. 이제부터 이 모든 과정에서 지켜져야 할 원리를 소개한다.

2. 사고의 기본 법칙
① 동일률

사유의 확정성에 관한 원리이다. 우리가 어떤 대상에 대해 논의할 때 오직 이 대상에 대해서만 말해야 한다. 개념에 대해서도 마찬가지로, 동일한 사유과정에서 어떤 용어에 대해 우리는 항상 똑같은 내용을 부여해야 한다. 언뜻 보아 자명해 보이지만 동일률은 위반하는 경우가 적지 않다.

모든 죄인은 감옥에 가야 한다.

우리 모두는 죄인이다.

―――――――――――――――――――

∴ 우리는 모두 감옥에 가야 한다.

여기에서 '죄인'은 두 가지 의미로 쓰이고 있다. 즉, 범죄를 저지른 사람과 목사의 설교에서 나오는 죄인이다. 이 추론은 동일률을 위반하였기 때문에 부당하다. 이해관계가 상충하지 않는데도 사람들이 다투는 경우는 하나의 용어를 각기 다른 뜻으로 쓰기 때문이다. 그래서 먼저 용어의 뜻에 합의를 이끌어내는 것이 중요하다.

② 모순율

'모순'은 말 그대로 창과 방패를 의미한다. '어떤 방패라도 뚫을 수 있는 창'과 '어떤 창이라도 막을 수 있는 방패'는 양립 불가능하다. 이와 같이 하나의 명제와 이 명제의 부정은 동시에 참이 될 수 없다. 다음 복합문이 왜 모순인지는 어렵지 않게 알 수 있다.

그 동굴에는 지금까지 들어간 사람이 아무도 없었고,

또 들어간 사람은 아무도 나올 수 없었다.

일반적으로 '반박'이란 상대방의 명제가 명백한 사실이나 또는 그의 다른 명제와 모순됨을 밝히는 것이다. 이상하게도 자신의 진술이 자신의 다른 진술들과 모순되는지 아닌지 점검하는 사람이 드물다. 학위논문 심사에서 가장 많이 지적을 받을 정도로 흔하게 발생하는 오류이다.

개념 차원에서는 모순율은 금과옥조(金科玉條)이다. 모순율을 어기면 의사소통 자체가 성립할 수 없기 때문이다. 그러나 현실 세계에서는 항상 그런 것은 아니지만 때로 서로 모순되는 것들을 결합하면 아주 특별한 아이디어를 얻을 수 있다. 예를 들어, 칸트는 합리론과 경험론 사이에서 발생하는 모순의 해결책을 제시했다.

③ 배중률

하나의 명제는 참이든가 거짓이든가 둘 중 하나이고 그 중간은 없다는 원리이다. 『이상한 나라의 앨리스』의 저자 루이스 캐럴은 원래 수학자였다. 이 책은 언어학과 논리학의 교과서라고 할 수 있을 정도로 이 분야의 예시로 가득하다. 심술궂은 붉은 여왕이 배중률을 활용하여 앨리스를 골탕 먹이는 장면을 보자.

붉은 여왕 : "그 슬픈 이야기를 들은 사람들은 눈물을 흘리거나 또는 …" (말을 뚝 끊는다.)

앨리스 : "그래서요?"

붉은 여왕 : "눈물을 흘리지 않는단다."

붉은 여왕은 앨리스에게 '너는 배중률도 모르는 멍청이로구나'하고 놀려대는 것이다!

끝으로, 동일률은 양자 논리에 의해, 배중률은 직관주의 논리에 의해 법칙이라는 위상이 흔들리고 있다. 그러나 이 문제는 이 글의 범위를 훨씬 넘어선다. 아무튼 동일률/모순율/배중률은 담화의 일관성을 유지하는데 필수적인 원리임에는 변함이 없다.

Ⅱ. 라이프니츠(Leibniz, 1646-1716)의 꿈

라이프니츠는 삼단논법으로 대표되는 그리스의 논리학과 현대의 수리논리학(mathematical logic)을 이어주는 가교이다. 단 한 사람의 학자가 이 위대한 두 학문의 연결고리가 되다니 경이스럽기까지 하다. 그는 웅대한 꿈을 품고 있었는데, 그것은 추론의 절대적 무오류성을 확보하는 기획이었다. 그 핵심은 인간의 사고를 수학화하자는 데에 있다.

이를 위해 두 가지 계획을 세운다. 첫째, 자연언어에 내재하는 모든 결합을 배제한 보편 문자(characteristic universals) 내지 철학 언어(lingua philosophic)를 만든다. 이 언어는 개념 들의 집합과 개념들 간의 가능한 모든 결합의 목록을 만든 다음, 개별 언어(영어, 한국어, 중국어…)로 된 진술을 계산 가 능한 형태로 변형시킬 수 있어야 한다. 둘째, 추론의 계산(calculus ratiocinator), 모든 추론을 수학적 정확성을 보장하는 계산으로 환원하자는 것이다. 이렇게 되면 법적인, 정치적 인 심지어 신학적인 문제까지도 계산 문제로 환원된다!

요컨대 라이프니츠는 예외가 없는 규칙적인 기호체계 와 권위가 확립된 대수학으로부터 빌려온 계산 규칙을 염 두에 두고 있었던 것이다. 이렇게 되면 분쟁이 발생했을 때 실랑이 할 필요 없이 "자, 앉아서 계산합시다!"라고 평화롭 게 해결할 수 있을 것이다. 참으로 웅대한 기획이 아닌가!

라이프니츠의 꿈은 당시에는 실현되지 않았다. 다른 말로 하자면, '사고 가능한 것'과 '계산 가능한 것'의 결혼은 시기상 조였던 것이다. 그렇다고 그의 꿈이 사라진 것은 아니다. 학 문의 역사를 보면, 아이디어를 제공한 학자가 반드시 그 아 이디어를 실현하는 것은 아니다. 그것은 후대의 몫이다.

바로 불(G. Boole, 1815-1864)이라는 영국의 수학자가 아리 스토텔레스의 삼단논법을 대수적 관점에서 본 것이다. 그는 '고양이'나 '사람'과 같은 낱말들에
대한 추론에서 중요한 것은 그 낱말에
의해 서술되는 개체들의 집합, 즉 고
양이들의 집합, 사람들의 집합이라는
점을 포착했다. 그리고 이제까지 숫자
나 연산자를 표현하는데 기호를 사용해 온 것과 마찬가지
로 집합을 나타내는데 기호를 사용했다. x가 남자들의 집
합이고 y가 여자들의 집합이라면 x+y는 모든 남자들과 여
자들로 이루어진 집합이다. 또한 x에는 속하지만 y에는 속
하지 않는 것들의 집합은 x-y라고 표현한다. x가 모든 사
람들의 집합이고, y가 모든 아이들의 집합이라면, x-y는 성
인들의 집합이다. x가 고양이의 집합이라면 xx는 무엇일
까? 고양이 집합과 고양이 집합의 교집합이므로 결과는 역
시 고양이의 집합이다.

그리고 xy는 두 집합에 모두 속하는 대상들의 집합, 즉
교집합이다. '0'은 아무런 원소도 없는 공집합이고, '1'은 담
화의 세계에서 나오는 모든 대상들의 집합이다. xy에서
(x=y)인 경우는 어떻게 될까? 이때는 $x=x^2$이 된다! 그래서
이 식은 x(1-x)=0이 되는데, x와 x가 아닌 것의 교집합은 당
연히 공집합이다. 이는 모순율을 대수적 형태로 표현한 것

에 지나지 않는다. 이쯤해서 수학과 논리학의 차이를 검토해보면,

	수학	논리학
창시자	플라톤	아리스토텔레스
목표	증명	타당성
취급대상	양	형태
철학	이상주의	경험주의
특성	$x \cdot x = x^2$	$x \cdot x = x$

다시 삼단논법으로 돌아와서 불의 표기법을 보자. 불은 모든 명제를 대수적 형태로 변형한다.

$$모든\ S는\ P이다. \rightarrow S(1-P)=0$$
$$어떤\ S는\ P이다. \rightarrow SP \neq 0$$

이렇게 될 때 추론의 타당성을 검증하는 문제는 다름 아닌 방정식을 푸는 문제가 되어 버린다. 연습 삼아 문제 하나를 풀어보자.

모든 P는 M이다.

어떤 M도 S가 아니다.

∴   ?

우리는 두 전제로부터 하나의 결론을 도출하였다. 이 것은 직관적으로 어렵지 않은 문제지만 벤 다이어그램 (venndiagram) 등 삼단논법 풀이의 기법을 모르는 사람은 제대로 풀 수 없다. 그러나 불의 논리 대수(logical algebra)를 적용하면, 우리에게는 계산할 일만 남았다. 두 전제를 대수적 형태로 나타내면,

$$P(1\text{-}M)=0$$

$$MS=0$$

∴ P=PM, PS=PMS=P 0=0

결론 : 어떤 P도 S가 아니다.

추론(inference)을 계산(calculus)으로 환원한 것은 수학사에 길이 남을 위대한 업적이다. 전통적인 삼단논법에서 불대수로의 이행은 추론(inference)에서 계산(calculus)으로의 도약을 의미한다. 바로 패러다임의 변화를 말하는 것이다. 역

사적으로 데카르트는 수와 기호의 학문으로써의 대수학 (algebra)과 도형을 연구하는 기하학을 결합하여 해석 기하학(analytic geometry)이라는 수학의 새 분야를 개척했다. 그전에는 기하학의 문제를 풀려면 보조선을 긋는다든지 하는 기하학적 직관이 필요했다. 그런데 이제는 그런 직관이 없더라도 '대수적으로' 기하학 문제를 풀게 된 것이다. 바로 추론에서 계산으로의 도약인 것이다!

불에 이어 라이프니츠의 꿈에 성큼 다가선 학자가 있으니 독일의 수학자 프레게(G. Frege, 1848-1925)였다. 수학의 기본적인 개념들을 엄격한 개념적 기호로 바꿔 놓은 그의 〈개념표기법 (Begriffsschrift)〉은 라이프니츠의 꿈인 〈보편언어〉의 직계로 보면 된다. 그는 수학이 논리학으로 구성되어야 한다는 논리주의(logicism)의 창시자 중 한 사람이다.

중세의 논리학자들은 명제를 주어와 술어로 분석하였다.

"철수는 영희를 사랑한다."
　　주어　　　　　술어

그러나 프레게는 몇 개의 보어(補語)를 연결하는 '관계 술어'라는 개념을 도입하여 명제를 분석한다.

"＿＿＿ 는 ＿＿＿ 를 사랑한다."

이제 주어는 목적어의 지위와 동등하다. 여기에서 프레게는 16세기 프랑스의 대수학자 비에트[119]에게서 '변항' 개념을 차용한다.

Love (x, y)

그 다음 단계는 양화사(quantifier)를 도입하여 일반화한다.

∃x∃y (x, y)

이 명제는 담화의 세계(universe of discourse)에 따라 진위가 결정된다. 여기에서는 철수가 영희를 사랑하기 때문에 이

---

119) François Viète(1540~1603) 미지수를 알파벳 문자로 나타낸 최초의 수학자.

명제는 참인 명제이다.

동시대 이탈리아 수학자 페아노 (G. Peano, 1858-1932)는 자연수의 공리화를 성공적으로 수행하였다.

라이프니츠의 꿈을 실현할 수 있다고 확신한 학자는 독일의 수학자 힐베르트(D. Hilbert, 1862-1943)이다. 1900년 파리에서 개최된 세계 수학자 대회에서 그때까지 수학에서 미해결된 23개의 문제를 제시한 것으로 유명하다. 그의 신조는 "우리는 결국 알고야 말 것이다!"였다. 그는 수학적 추론을 완벽하게 형식화할 수 있다고 확신하면서 '힐버트플랜'을 착실하게 추진해나갔다. 이 플랜은 공리론적(axiomatic) 방법에 의해 수학의 모든 명제와 증명을 형식화(formalization)하고, 이 형식 체계의 무모순성을 통해 수학의 토대를 공고히 하는 데에 목표를 두고 있다. 괴델 정리에 의해 이 계획이 좌절되었다고 말들이 많지만 필자는 좀 다르게 생각한다.

결론적으로, 컴퓨터 과학의 눈부신 성공은 라이프니츠의 꿈이 백일몽이 아니라 예지몽이었다는 점을 바로 프로그래밍 언어를 통하여 잘 보여주고 있다고 우리는 믿는다. 라이프니츠의 꿈은 오늘날 수리언어학에서도 실현되고 있다. 아래에 두 가지 짤막한 사례를 제시하는 것으로 만족하고자 한다.

1. 구(句)구조문법(Phrasw structure grammar)과
   범주문법(categorical grammar)

구(句)구조문법은 유럽과 미국 구조주의 초기의 산물인데, 영어와 불어는 물론 우리말 문장에도 완벽하게 적용될 수 있는 문법이다.

하나의 문장에 나타나는 형태소들의 배열 순서를 선형구조(linear structure)라고 하는데, 실제로는 계층적 구조를 이루고 있다. 즉 문장 속의 형태소들은 개별적으로 결합하여 문장을 형성하는 것이 아니라, 몇 개씩 결합하여 더 큰 구성성분을 이루고, 이 구성성분들이 또 결합하여 보다 큰 구성성분을 만들고, 결국 이들이 합쳐서 문장이 된다.

이런 절차를 나타내는 여러 방식 중 괄호치기와 수형도를 소개한다.

예문: 개가 고양이를 물었다.

$_1\{ \ _2\{ \ _3\{(개)(가)\}_3 \ _2\{ \ _3\{(고양이)(를)\}_3 \ _3\{(물)(었)(다)\}_3 \ \}_2 \ \}_1$

이를 수형도 (tree diagram)로 나타내면,

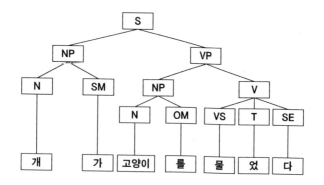

　여기에 적용된 문법을 구(句)구조문법(phrase structure grammar)이라고 한다.

　구절표지(phrase marker)는 아래와 같다.

　문장(S) : Sentence

　명사구(NP) : Noun phrase

　동사구(VP) : Verb phrase

　주어표지(SM) : Subject marker

　목적어표지(OM) : Object marker

　동사(V) : verb

　동사어간(VS) : V stem

명사(N) : Noun

시제(T) : Tense

문장어미(SE) : Sentence ending

수형도에서 즉시 확인할 수 있는 바와 같이 구(句)구조규칙(phrase structure rule)은 다음과 같다.

S —> NP+VP

NP —> N + SM

VP —> NP + V

NP —> N + OM

V —> VS +T + SE

이것은 언어학이 형식화되는 과정의 첫걸음마이다.

아르키메데스, 뉴턴과 더불어 수학의 3대 천재 중 한 사람인 가우스는 젊은 시절 수학과 언어학 중 어느 것을 선택해야 할지 고민했다고 한다. 수학이 자연과학의 기초라 하면, 언어학은 인문사회학[120]의 기초 학문이다. 그런데 마

120) '인문사회과학'이라고 쓰지 않았음을 주목하기 바란다. 필자는 '인문과
학', '사회과학'이라는 용어에 공감하지 못한다. '인문학', '사회학'이

침 두 분야 모두 수와 단어라는 이산적(discrete) 요소를 취급한다는 공통점이 있다.

앞에서 구조 문법의 성과를 살펴보았는데, 동일한 구조적 특징을 다르게 형식화한 범주문법이 Bar-Hillel(1953)과 Lawbek(1958)에 의해 제안되었다.[121] 여기에서 문장의 각 구성 요소는 통사적 범주로 분류되며, 이 범주들은 화학의 원소들처럼 다양한 방식으로 서로 결합한다. 범주문법의 중요성은 이제 문장의 각 구성 요소를 '계산'할 수 있다는 데에 있다. 그래서 컴퓨터과학과 밀접한 관계를 맺으며, CAML과 같은 프로그래밍 언어로 구현될 수 있다.

범주문법에서 기본유형은 두 개 뿐이다.

s : sentence

n : noun

그리고 규칙도 단 두 개 뿐이다.

① 우측 해제 (x/y)y -> x

② 좌측 해제 y(y\x) -> x

맞다고 본다.

121) 구조문법과 범주문법, 이 두 유형의 문법은 1960년대에 이미 문장의 생성력에 있어서 동치라는 사실이 밝혀졌다.

여기에서, (x/y) (x over y)나 (y\x) (y under x)를 연산자 (operator)라 하고, x나 y를 피연산자(operator)라고 한다. 아주 간단한 예를 보면,

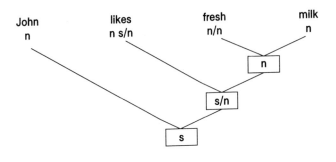

이렇게 해서 문장의 어떤 요소라도 '계산'이 가능해진 것이다. 이 말이 의미하는 바는 매우 중요한 바, 이제부터 자연언어를 컴퓨터로 처리할 수 있게 되었다는 사실이다.

2. 논리학과 언어학

자연언어는 본질적으로 통사적 부정확성, 의미의 중의성과 모호성을 특징으로 갖기 때문에 언어의 진정한 논리적 구조를 감추고 있다. 즉 언어의 외형만 가지고는 그 진정한 의미를 알아낼 수 없으므로, 언어 현상을 올바르게 이해하기 위해서는 언어의 참된 논리적 구조를 들어내는

인공언어(artificial language)가 필요하다. 이것이 비트겐슈타인 전기 사상의 핵심이다. 그래서 논리학은 언어 연구에 필수적이다. 겉으로 나타나지 않는 문장의 심층구조를 드러나게 해주기 때문이다.

Every girl is pretty : $\forall x\ (G(x) \rightarrow P(x))$

Some girl is pretty : $\exists x\ (G(x) \wedge P(x))$

이런 식으로 문장을 논리식으로 표현하면 문장의 중의성을 명료하게 밝힐 수 있다.

Everyone admires someone.

① $\forall x \exists y A(x,\ y)$

Everyone has someone whom he admires

② $\exists y \forall x A(x,\ y)$

There is someone whom everyone admires

Everyone did not explain the situation.

① $\forall x \sim E(x,\ s)$

아무도 상황을 설명하지 못했다.

② ~∀xE(x, s)

　모든 사람이 다 상황을 설명한 것은 아니다.

그리고 이 문장의 수동태는 ②의 해석만 가능하다.

The situation wasn't explained by everyone.

　논리적 형식화라는 방법을 통하여 언어의 의미를 보다 정확하게 기술해주는 연구 분야를 형식 의미론(formal semantics)이라고 한다.

Ⅲ. 암호의 간략한 역사

　헤로도토스의 『역사』에 의하면 그리스를 구한 비밀통신은 나무 위에 글을 쓰고 밀랍으로 봉한, 그러니까 메시지의 존재 자체를 감추는 비밀 통신 방법이었다고 한다. 오늘날에도 대리석이나 심지어 위장 속에 마약을 감추는 경우가 가끔 언론에 오르내리지만 이 방법에는 한계가 있다. 그래서 인류는 암호 통신법(cryptography)도 함께 개발해 왔는데, 그 목적은 앞서와는 달리 메시지의 의미를 감추는 데에 있다.

여기에는 전치법(transposition)과 대체법(substitution) 두 가지가 있다. 전치법은 메시지 안에 들어 있는 문자가 달라지지 않은 상태에서 위치만 바꾸는 기법이고, 대체법은 각각의 문자가 나른 문자로 바뀌면서 위치는 변하지 않는다.

1. 전치법

철자의 순서를 바꾸어 다른 단어를 만드는 것을 영어에서는 아나그램(anagram)이라고 하는 데 아래와 같은

earth → heart

dormitory → dirty room

소설 『다빈치 코드』에는 아래와 같은 사례들을 보여준다.

O, Draconian devil → Leonardo da vinch

Oh, lame saint → The Mona Lisa

글자의 위치를 무작위로 바꾸는 이 같은 방법은 보안성이 아주 높다. 'Woman Hitler'가 'Mother-in-law' 임을 알아

채기는 어려운 노릇일 것이다.

기원전 5세기에 스파르타인들이 사용한 스키테일(scytale)은 똑같이 생긴 두 개의 둥근, 또는 동일한 수의 면을 가린 막대를 사용하여 전치법의 원리를 이용한 것이다. 긴 가죽끈이나 양피지 끈을 나무 막대에 두르고 메시지를 가로로 적는다.

내일공오시창동으로

진격하라예비연대는

신동아이단지에서별

도명령을대기

이제 이 끈을 풀면, **"내진신도일격동병공하아령…"**이 되어 일반인의 눈에는 의미 없는 문자의 나열로 보인다. 메시지가 암호화된 것이다. 이 글자들을 똑같은 지름 내지 면을 가진 막대에 끈을 다시 되감기 전에는 해독할 수 없다.

2. 대체법

인도 학자 바차야나는 요리, 의상 등 여성들의 실용적인 기술에서부터 마술, 제본, 목수일 등의 기술까지 망라된 64개 분야로 구성된 『카마수트라』를 저술했는데, 이 중 45번째가 비밀통신술이다. 여기에서 최초로 대체법이 소개되었는데, 알파벳을 무작위로 둘씩 짝지은 뒤, 메시지의 원래 문자와 짝을 이루는 다른 문자로 대체하는 것이다.

예를 들면 다음과 같다.

A	D	H	I	K	M	O	R	S	U	W	Y	Z
↕	↕	↕	↕	↕	↕	↕	↕	↕	↕	↕	↕	↕
V	X	B	G	J	C	Q	L	N	E	F	P	T

이렇게 되면, cheong는 MBUQSI가 되어 이 방법을 모르는 사람은 오리무중에 빠지게 된다. 대체법을 맨 처음 군사적인 목적으로 활용한 사람은 카이사르(Julius Caesar, B.C. 100 - B.C. 44)였다. 그는 로마문자를 그리스 문자로 대체해서 적이 해독할 수 없도록 만든 다음, 메시지를 전달해서 상황을 극적으로 역전시킨다. 역사가의 저술 덕분에 우리는 카이

사르가 사용한 대체법 중 한 가지를 정확히 알 수 있는데, 이것은 메시지에 나오는 각각의 알파벳에서 세 자리 뒤에 나오는 철자로 대체하는 방법이다. 원문에 사용되는 글자를 원문 알파벳(plain alphabet)이라 부르고, 대체한 암호문의 알파벳을 사이퍼 알파벳(cipher alphabet)이라 부른다.

원문 알파벳	a b c d e f g h i j k l m n o p q r s t u v w x y z
사이퍼 알파벳	D E F G H I J K L M N O P Q R S T U V W X Y Z A B C
원문	v e n i v i d i v i c e (왔노라, 보았노라, 이겼노라)
암호문	Y H Q L Y L G L Y L E L

알파벳 26자 중 1에서 25자리까지 마음대로 선택할 수 있기 때문에 25가지의 사이퍼 알파벳을 만들 수 있다. 여기에서 한 걸음 더 나아가서 알파벳의 순서와 상관없이 무작위로 재배열한 알파벳을 사용하면 26!+α의 열쇠 중 하나를 찾아야 한다.

원문 알파벳	a b c d e f g h i j k l m n o p q r s t u v w x y z
사이퍼 알파벳	J L P A W I Q B C T R Z Y D S K E G F X H U O N V M
원문	b e w a r e t h e i d e s o f m a r c h
암호문	L W O J G W X B W C A W E S I Y I G P B

'ides'는 3월, 5월, 7월, 10월은 15일, 그 밖의 달은 13일로, "3월 15일을 경계하라."는 뜻. 이 날은 카이사르의 암살

의 날로 예언되어 있던 날이다.

··· ·······························

비운의 여왕, 메리

메리 스튜어트(Mary stuart, 1542-1587)는 스코틀랜드의 가
톨릭 여왕(1542-1567)이었다. 그러나 당시에 창궐하는 칼뱅
의 교리를 추종하는 무리들에 의해 왕위에서 물러나 사촌의
나라 엘리자베스 여왕의 잉글랜드로 피신한다. 그런데 가톨
릭교도들이 영국 여왕은 메리여야 한다는 주장을 펼치자 엘
리자베스는 메리를 감금해버린다. 그러자 메리를 따르는 배
빙턴(Babington)이라는 젊은이가 탈출 계획을 세우고 서로
암호를 주고받는데, 이것이 월싱엄(Walsingham) 수상에게
적발된다. 수상은 자신이 모시는 엘리자베스를 위해 라이벌
격인 메리를 제거해야 한다고 확신하는 사람이다. 그래서 배
빙턴의 편지를 조작하여 탈출 당일 엘리자베스를 암살할 것
이라는 허위 사실을 추가한다. 엘리자베스가 사촌인 메리를
차마 죽이지 못하는 것을 알고 덫을 놓은 것이다. 위조된 사
실을 모른 채, 메리는 그 계획이 성공하기를 부디 기원한다고
답을 보냈는데, 이 치명적인 메시지의 암호가 해독되면서 대
역죄로 사형선고를 받게 된다. 이때의 편지는 시저의 대체법
에 의해 작성된 암호였다.

···

3. 알베르티 시스템

이탈리아 건축가 알베르티(Leon Battista Alberti, 1404-1472)는 흔히 암호의 아버지라고 불리운다. 당시 사이퍼 알파벳을 토대로 대체 암호문을 작성한 사람들은 모두 하나의 사이퍼 알파벳만 사용하는 것으로 만족했다. 알베르티는 둘 또는 그 이상의 사이퍼 알파벳을 같은 메시지 안에서 변환해가며 사용하면 해독이 쉽지 않을 것이라는 발상을 내놓았다.

원문 알파벳	a b c d e f g h i j k l m n o p q r s t u v w x y z
사이퍼 알파벳 1	G O X B F W T H Q I L A P Z J D E S V Y C R K U H N
사이퍼 알파벳 2	F Z B V K I X A Y M E P L S D H J O R G N Q C U T W

leeway를 암호화하려면 첫 글자는 사이퍼 알파벳1을 사용하여 l을 P로 대체하고, 두 번째 글자 e는 사이퍼 알파벳2를 사용해서 F로 대체한다. 세 번째 글자 e는 다시 사이퍼 알파벳1로 되돌아가 K가 된다. 여기서 보는 것처럼 알베르티 시스템의 장점은 원문에서 글자가 같더라도 암호문에서는 다른 글자로 나타난다는 사실이다. 알베르티는 그가 고안한 원판으로도 유명하다.

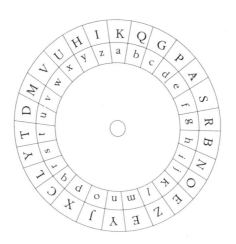

알베르티 암호원판

　작은 원판의 알파벳이 원문의 알파벳으로써, 이 원판
은 자유롭게 회전할 수 있다. 큰 원판에 무작위로 배열된
알파벳이 암호문의 알파벳이고, 이 원판은 고정되어 있
다. 우선 작은 원판의 a에 해당하는 큰 원판의 문자를 임
의로 K로 선택했는데 이것이 암호문의 첫 글자가 되고
a-K가 바로 암호문을 해독하는 열쇠가 된다. weapon은
KVAKXJY가 된다.

4. 비즈네르 사이퍼

프랑스의 외교관 비즈네르(Blaise de Vigenere, 1523~?)는 25 가지의 사이퍼 알파벳으로 이루어진 표를 만들고 여러 다른 사이퍼 알파벳을 사용할 수 있는 방법을 고안했다.

원문	a	b	c	d	e	f	g	h	i	j	k	l	m	n	o	p	q	r	s	t	u	v	w	x	y	z
1	B	C	D	E	F	G	H	I	J	K	L	M	N	O	P	Q	R	S	T	U	V	W	X	Y	Z	A
2	C	D	E	F	G	H	I	J	K	L	M	N	O	P	Q	R	S	T	U	V	W	X	Y	Z	A	B
3	D	E	F	G	H	I	J	K	L	M	N	O	P	Q	R	S	T	U	V	W	X	Y	Z	A	B	C
4	E	F	G	H	I	J	K	L	M	N	O	P	Q	R	S	T	U	V	W	X	Y	Z	A	B	C	D
5	F	G	H	I	J	K	L	M	N	O	P	Q	R	S	T	U	V	W	X	Y	Z	A	B	C	D	E
6	G	H	I	J	K	L	M	N	O	P	Q	R	S	T	U	V	W	X	Y	Z	A	B	C	D	E	F
7	H	I	J	K	L	M	N	O	P	Q	R	S	T	U	V	W	X	Y	Z	A	B	C	D	E	F	G
8	I	J	K	L	M	N	O	P	Q	R	S	T	U	V	W	X	Y	Z	A	B	C	D	E	F	G	H
9	J	K	L	M	N	O	P	Q	R	S	T	U	V	W	X	Y	Z	A	B	C	D	E	F	G	H	I
10	K	L	M	N	O	P	Q	R	S	T	U	V	W	X	Y	Z	A	B	C	D	E	F	G	H	I	J
11	L	M	N	O	P	Q	R	S	T	U	V	W	X	Y	Z	A	B	C	D	E	F	G	H	I	J	K
12	M	N	O	P	Q	R	S	T	U	V	W	X	Y	Z	A	B	C	D	E	F	G	H	I	J	K	L
13	N	O	P	Q	R	S	T	U	V	W	X	Y	Z	A	B	C	D	E	F	G	H	I	J	K	L	M
14	O	P	Q	R	S	T	U	V	W	X	Y	Z	A	B	C	D	E	F	G	H	I	J	K	L	M	N
15	P	Q	R	S	T	U	V	W	X	Y	Z	A	B	C	D	E	F	G	H	I	J	K	L	M	N	O
16	Q	R	S	T	U	V	W	X	Y	Z	A	B	C	D	E	F	G	H	I	J	K	L	M	N	O	P
17	R	S	T	U	V	W	X	Y	Z	A	B	C	D	E	F	G	H	I	J	K	L	M	N	O	P	Q
18	S	T	U	V	W	X	Y	Z	A	B	C	D	E	F	G	H	I	J	K	L	M	N	O	P	Q	R
19	T	U	V	W	X	Y	Z	A	B	C	D	E	F	G	H	I	J	K	L	M	N	O	P	Q	R	S
20	U	V	W	X	Y	Z	A	B	C	D	E	F	G	H	I	J	K	L	M	N	O	P	Q	R	S	T
21	V	W	X	Y	Z	A	B	C	D	E	F	G	H	I	J	K	L	M	N	O	P	Q	R	S	T	U
22	W	X	Y	Z	A	B	C	D	E	F	G	H	I	J	K	L	M	N	O	P	Q	R	S	T	U	V
23	X	Y	Z	A	B	C	D	E	F	G	H	I	J	K	L	M	N	O	P	Q	R	S	T	U	V	W
24	Y	Z	A	B	C	D	E	F	G	H	I	J	K	L	M	N	O	P	Q	R	S	T	U	V	W	X
25	Z	A	B	C	D	E	F	G	H	I	J	K	L	M	N	O	P	Q	R	S	T	U	V	W	X	Y
26	A	B	C	D	E	F	G	H	I	J	K	L	M	N	O	P	Q	R	S	T	U	V	W	X	Y	Z

이때 암호제작자가 표의 어떤 열을 사용했는지를 수신인이 알기 위해 키워드가 도입된다. 예컨대 BLACK이라는 키워드를 사용해 "Small is beautiful."을 암호화해 보자.

키워드	B L A C K B L A C K B L A C K B
원문	s m a l l i s b e a u t i f u l
암호문	T X A N V J D B G K V E l H W M

원문 S의 기워드는 B이므로 B열에서 S를 찾으면 T가 된다. m의 키워드는 L이므로, L열에서 m을 찾으면 X가 된다. 더 큰 키워드, 나아가서 키 문장을 사용하면 사이퍼 알파벳의 개수가 늘어나고, 사이퍼는 더 복잡해진다. 이 체계의 장점은 엄청난 개수의 열쇠가 있다는 사실과, 나중에 소개될 빈도 분석법에도 강하다는 사실에 있다. BLACK이라는 키워드를 쓰면, 예컨대 철자 K가 경우에 따라 L, M, U, V, K가 될 수 있기 때문이다.

5. 대각선법

영국의 물리학자 휘트스톤(C. Wheatstone, 1802-1875)이 고안하여 1854년 친구인 플레이페어(Lyon Playfair)의 이름을 붙였다. "Knowledge is Power."이라는 원문을 암호화하기 위해 원문의 문자를 두 개씩 쌍을 만든다.

KN OW LE DG EI SP OW ER

A	B	C	D	E
F	G	H	I·J	K
L	M	N	O	P
Q	R	S	T	U
V	W	X	Y	Z

표에서 **KN**을 찾고 그것의 대각선을 그으면 **HP**가 나오는데 이것이 KN의 암호문이 된다. **OW**에 대해서도 마찬가지 방식이다. 이 암호는 제1차 대전 중 영국군이 사용하였다고 한다.

6. 빈도 분석법

괴테의『파우스트』와 셰익스피어의『햄릿』의 공통점은? 이것은 좀 뜬금없는 질문처럼 보일 수도 있으나 공통점은 분명히 있다. 그것은 각 철자가 쓰이는 빈도수를 조사했을 때 두 작품 모두에서 철자 e가 가장 많이 쓰인다는 점이다! e 다음으로 빈도수가 높은 철자를 순서대로 나열해보면 r, s, n 그리고 d이다. 따라서 이들 철자를 대체한 기호가 무엇인지 안다면 암호 해독은 훨씬 수월해질 것이다. 이렇게 단일 환자(換字) 방식으로 된 암호 텍스트는 출현 빈도의 분석을 통해 해독이 가능해진다.

코난 도일의 『춤추는 난쟁이』는 빈도 분석에 의해 해독을 한 대표적 사례이다. 전체 단어에서 가장 많이 나오는 철자가 12.7%인 'e'로 압도적인 비율이다. 그런데 일부러 이 철자를 빼고 소설을 쓴 프랑스 작가가 있다. 엄청난 제약 하에 쓰여진 이 소설[122]을 끝까지 읽으려면 보통 이상의 인내심을 발휘해야 할 것이다.

---

122) George Perec(1936~1982), La disparition(실종), 1990, Gallimard.

글자	퍼센트
a	8.2
b	1.5
c	2.8
d	4.3
e	12.7
f	2.2
g	2.0
h	6.1
i	7.0
j	0.2
k	0.8
l	4.0
m	2.4

글자	퍼센트
n	6.7
o	7.5
p	1.9
q	0.1
r	6.0
s	6.3
t	9.1
u	2.8
v	1.0
w	2.4
s	0.2
y	2.0
z	0.1

전쟁과 암호

제2차 세계대전을 승리로 이끈 처칠, 루스벨트 그리고 아이젠하워의 공로에 견줄 만큼 혁혁한 공로를 세웠으나 영국이 이 사실을 15년간 비밀에 부쳐서 대중에게 알려지지 않은 영웅이 있는데, 이 사람이 바로 현대 컴퓨터의 이론적 토대를 마련한 튜링(A. Turing, 1912~1954)이다. 당시 독일의 암호제작기 에니그마의 암호문을 제3자가 해독하는 것은 거의 불가능해 보였지만, 천재수학자 튜링에 의해 해독되기에 이른다.

미국과 일본의 태평양전쟁에서도 미국의 승리 요인은 일본군 암호의 해독에 있었다. 미국은 암호문을 아메리카 인디언 부족의 언어들 중 하나인 나바호(Navajos)어로 번역해놓아서 일본군은 암호 해독에 실패할 수밖에 없었다.

우리는 부처님 말씀을 귀로 듣고 머리로 익혀 아는 것을 잘하고 있는 반면, 실제 생활에 그대로 적용하여 실천하는 데에는 상당한 어려움을 겪는다.

- 지안 스님 (통도사 반야암)

以言教則訟

以身教則從

(말로 가르치면 따지고,

몸으로 가르치면 따른다.)

개정 증보판

말로 배운 지식은 왜 산지식이 못 되는가

초판 1쇄 발행일 2020년 1월 10일

지은이 정계섭
펴낸이 박영희
편집 박은지
디자인 최민형
마케팅 김유미
인쇄·제본 제삼 인쇄
펴낸곳 도서출판 어문학사
　　　서울특별시 도봉구 해등로 357 나너울카운티 1층
　　　대표전화: 02-998-0094 / 편집부1: 02-998-2267, 편집부2: 02-998-2269
　　　홈페이지: www.amhbook.com
　　　트위터: @with_amhbook
　　　페이스북: https://www.facebook.com/amhbook
　　　블로그: 네이버 http://blog.naver.com/amhbook
　　　　　　다음 http://blog.daum.net/amhbook
　　　e-mail: am@amhbook.com
　　　등록: 2004년 7월 26일 제2009-2호

ISBN 978-89-6184-941-8 93700

정가 16,000원

이 도서의 국립중앙도서관 출판예정도서목록(CIP)은 서지정보유통지원시스템 홈페이지(http://seoji.nl.go.kr)
와 국가자료공동목록시스템(http://www.nl.go.kr/kolisnet)에서 이용하실 수 있습니다.
(CIP제어번호: CIP2019049425)